MANUEL PORTACELI ROIG

Arquitectura: en busca de un criterio

LECTURAS

Serie **H.ª del Arte y de la Arquitectura**

DIRECTORES Juan Miguel HERNÁNDEZ LEÓN y Juan CALATRAVA

Calle del Gobernador, 18
28014 Madrid
WWW.ABADAEDITORES.COM

diseño SABÁTICA

producción MERCEDES DE LA ROSA

ISBN 979-13-87521-22-6
Thema AMA
depósito legal M-11554-2025

preimpresión MARÍA JOSÉ LÓPEZ MUÑOZ
impresión COFÁS, ARTES GRÁFICAS

MANUEL PORTACELI ROIG

Arquitectura: en busca de un criterio

ABADA EDITORES
LECTURAS DE ARQUITECTURA

¡La hemos vuelto a hallar!
¿Qué?, la Eternidad.
Es la mar
mezclada con el sol.

ARTHUR RIMBAUD

Nunc me jubet Fortuna expeditius philosophari

CHRISTOPHER WREN

PREÁMBULO

Iniciar la carrera de arquitectura supuso que los vectores culturales que se habían desarrollado hasta ahora, variopintos, desordenados, sin finalidad, más bien por gusto y disfrute, comenzaran a orientarse por empatía con el mundo del Arte que me entusiasmaba. Hablo de las humanidades que desordenadamente aparecían en mis lecturas, los viajes que desde pequeño había realizado con mis padres por España y también por Europa.

Había superado, al fin, los áridos cursos selectivos previos al comienzo de la carrera de arquitectura, curso selectivo en la Facultad de Ciencias de Valencia y Curso de Iniciación en la Escuela Superior de Arquitectura de Barcelona. Y para celebrarlo me fui a Inglaterra, a aprender inglés claro está, pues yo había estudiado el bachillerato de inspiración francesa y ya había cumplido con Molière y otros.

Twiggy años 60

Comenzaba una nueva vida que tenía que llevar a cabo forzosamente desde la soledad del que se va construyendo.

No hace mucho tiempo, leí que el poeta Philip Larkin fija 1963 como el año en que en Inglaterra se empezó a follar.

Un año antes pisé Londres por primera vez, cuando todavía *El amante de lady Chatterley* estaba prohibido, penada la homosexualidad, no había aparecido el primer LP de los Beatles y la revolución sexual no había llegado a la Gran Bretaña, pero en algunos rincones de la ciudad estallaban actitudes envueltas en la música, que alcanzaría cotas de calidad y difusión hasta entonces nunca conocidas en lo que se llamó *pop music*. También surgían nuevas formas de vestir, más dinámicas, diferentes, para nuevas formas de vida. Pensemos en lo que supuso el lanzamiento de la minifalda por Mary Quant, *mini* como el coche *mini* cuyo diseño inundó el mercado. Las mujeres, más jóvenes y bellas, conquistaban nuevos roles que la sociedad les debía.

Se definía una renovación en una de las tres generaciones que según Ortega y Gasset, integran el momento histórico, lo que ponía más tensión en la convivencia de los tres grupos, que escriben la historia «en franca hostilidad».

B. Riley, *Movement in Squares*, 1961

En Londres conocí el *Op-art* (la británica Bridget Riley, en blanco y negro, más tarde introduciría el color), efectos ópticos que admirando su virtuosismo no me producían sensación alguna por mi parte.

Just What Is It That Makes Today's Homes So Different, So Appealing? (¿Pero qué es lo que hace a los hogares de hoy día tan diferentes, tan atractivos?) el collage, de 1954, del británico Richard Hamilton retrataba, con ironía, los hogares americanos de la sociedad de consumo de los años 50, hoy día extendida en su más profunda manifestación *kitch* por todo el

R. Hamilton, *Pero ¿qué hace a los hogares de hoy tan diferentes, tan atractivos?*, 1956

Viviendas, Londres, 1964

planeta. El *pop-art* entraba en el panorama artístico.

En la ciudad del Támesis visité grupos de viviendas de arquitectura sencilla en ladrillo macizo, rojo oscuro, con el que se articulaban patios, zonas de encuentro, corredores comunes. Algo de la «ciudad en el espacio» de Ricardo Bofill, interesantes propuestas que recientemente visité de nuevo en la zona próxima a la Tate Britain y encontré el mismo conjunto de viviendas de antaño en un estado perfecto, cuidadísimo. Lo que no encontré fue la escuela de primaria cercana, toda ella con un exterior acristalado muy renovador, atravesada por un eje o calle central que ponía en conexión los diversos espacios que la constituían. Había sido sustituida por una estándar.

Resumiendo: Londres se renovaba con complejos y sugerentes conjuntos de vivienda acompañados de un clima artístico enriquecedor como lo eran las viviendas que se construían y la música y la indumentaria de los futuros habitantes. Londres hervía.

En la Arquitectura el particular interés por la vivienda se había materializado en 1959, en el CIAM de Oterloo en el que los jóvenes participantes se enfrentan a sus «padres» en defensa de un humanismo en el pensamiento y la acción reflejada en un nuevo planteamiento de las viviendas. Se trataba de reivindicar una arquitectura que satisficiera las necesidades humanas, planteando puntos de vista éticos y estéticos desde una funcionalidad ampliada.

Estos «young angry men» de la arquitectura los Smithson, Gardella, E.N.Rogers, se opusieron a los «mecanicistas» fundadores como Le Corbusier, Giedion y otros dignos maestros de la época heroica. Los CIAM no volvieron a reunirse después de 1959. Y la arquitectura cambió de rumbo.

R. Bofill, Taller de Arquitectura, Barcelona, «Apartamentos Xanadú», Calpe (Alicante), 1966

La vivienda, convertida en tema clave de la arquitectura durante dos o tres décadas, llevaba incluida la revisión de la lectura de la ciudad, la necesidad de revitalizar los centros históricos junto a nuevas propuestas del habitar y de relacionarse con la sociedad como objetivo prevalente.

Este cambio de actitud ya se apuntó años antes en Darmstadt en las *Darmstädter Gespräch* en 1951, donde Heidegger impartió la famosísima, reveladora y posteriormente célebre conferencia «Bauen, Wohnen, Denken» (Construir, habitar, pensar), donde no sólo se ocupa de la acción de construir sino que aparece también el concepto de habitar. Habitar un lugar que no es exclusivamente geométrico sino que es resultado de una percepción, de un pensar.

De este modo, el pensamiento existencialista se filtra en el mundo arquitectónico, en un pensar el habitar.

Volviendo a mi construcción de vida, Londres me impactó, se configuró como destino preferente y percibí grandes cantidades de *inputs* realmente motivadores. Así lo rumiaba en el «Café des Artistes» mientras bailábamos con The Animals en vivo y pasábamos los tristes domingos de aquel Londres (estaba todo cerrado y la ciudad era un desierto) en Portobello Road. Recuerdo que una tarde, haciendo cola para entrar en una sala de cine que ofrecía una programación parecida a lo que en España llamábamos por aquel entonces «de arte y ensayo» y en la que se podía disfrutar del nuevo cine europeo, en ocasiones prohibido en nuestros lares, conocí a unos entusiastas estudiantes valencianos del conservatorio, con un envidiable afán por absorber el nuevo discurrir que Londres ofrecía.

Una nueva sociedad se estaba forjando entonces. En Barcelona eran sólo destellos perseguidos; en Londres, ciudad también gris (qué sucias estaban las ciudades europeas salidas de la guerra mundial), eran reivindicaciones que se palpaban en la calle.

Una nueva música para una sociedad en efervescencia que quiere alcanzar nuevas metas de igualdad, de libertades. De bienestar para todos. Aquella sociedad post-industrial de la que hablaba Marcuse propiciaba una igualdad y libertades no conocidas por el individuo hasta ese momento.

Mi período formativo había comenzado cuando el difuso existencialismo de la generación anterior había provocado, infiltrándose en el pensamiento y provocando cambios radicales en la crítica arquitectónica, cuando la arquitectura se ve necesariamente comprometida con los datos pre-existentes, cuando triunfan la historia y las cualidades particulares.

Pensábamos, entrados en aquellos años 60, que trabajo y disfrute eran una misma cosa, y desde esa actitud podíamos construir una arquitectura honesta capaz de dar respuesta a las necesidades de la nueva sociedad, a los problemas del individuo que como nos recuerda nuestro admirado y conspicuo cineasta de vanguardia Michelangelo Antonioni, no eran muy diferentes de las del hombre en la época de Homero.

La fe en el progreso había sido sustituida por una visión humanista de la vida, de la actividad del hombre. Frente al

A. Tàpies, cartel

mecanicismo del periodo anterior aparecen los factores orgánicos, el valor del vernacularismo, de los casos particulares. Lo orgánico es lo humano. Y el bienestar del individuo será el objetivo.

Que en la naturaleza humana existen unos principios arcaicos, primigenios, que son siempre los mismos, y que favorecerían la conciliación del hombre con el mundo contemporáneo. Sugerente la idea humanista, ¿de Heidegger?, ¿del existencialismo? De ambos quizás.

No nos percatamos de que aquella fiesta renovadora y optimista era anuncio, tal vez, de la caída de los principios generales, y de que, solamente desde un necesario compromiso particular, se podría apuntalar una radical inseguridad que podría acabar atenazándonos.

J.A. Coderch, Viviendas en calle J.S. Bach, Barcelona, 1957-1961

Para alcanzar nuestros días, cuando redacto estas líneas, en la angustiosa y presurosa espera de que lo objetivo, lo razonable, lo explicable, lo subjetivo y lo ineludible, se encuentren en un pliegue, el «pli»[1] de algunos pensadores contemporáneos que se produce, además y según ellos, por un desajuste de la realidad convertida en una malla de pliegues y contra pliegues como en el sistema barroco de Leibniz releído por Gilles Deleuze.

A. Resnais, «El año pasado en Marienbad», film, 1961.
Guión A. Robbe Grillet

1 Gilles Deleuze, *Empirismo y subjetividad*, Gedisa: Barcelona, 2015.

PATCHWORK

¿DÓNDE ESTAMOS?

Escribió José Luis Pardo: «El error más grave consistiría en tomárselo a broma pues constituye la imagen de este tiempo nuestro, que acaso se llama global porque está hecho de globos que se inflan y se desinflan. Y porque constituye ocasión única de enterarnos de cuál es este tiempo nuestro que el arte sigue mostrando con mucha más nitidez y descaro que la tv».

Filósofos de la antigüedad, como Platón y Aristóteles, aseveraban que de la curiosidad y el asombro (admiración) nace el sentimiento artístico y filosófico. Y el arquitecto y pintor alemán Karl Friedrich Schinkel afirmaba, en el siglo XIX, que el aprendizaje del arquitecto es un difícil trayecto que, en última instancia, se reduce a la formación de una sensibilidad, «lo que en arquitectura abraza un campo muy amplio».

¿Y QUÉ IMPLICA LA SENSIBILIDAD?

Manuel Cruz en un artículo de prensa decía que «solo a la gente con sentido del humor le pasan cosas divertidas. Solo quienes gustan de reflexionar se encuentran en situaciones que les dan que pensar. Solo las personas con sensibilidad perciben la belleza (y el espanto) que les rodea [...]». Pero advertía, que «nada de ello brota de modo espontáneo. El humor refinado, el gusto por la belleza o el estupor inteligente requieren un cultivo tan tenaz y perseverante como amoroso. No está claro que nuestra sociedad promueva y estimule ninguno de tales registros»[2].

En los siguientes textos se encuentran muchas citas. Permítaseme unas consideraciones sobre las mismas tomando prestadas a Wallace Stevens unas ideas cuando afirmaba que las citas «tienen un interés especial ya que uno es incapaz de citar algo que no sea sus propias palabras, quienquiera que las haya escrito, en cualquier época, bajo otras circunstancias». Y pidiendo indulgencia si la palabra está, en muchas ocasiones, tomada de textos, y no sólo textos, imágenes, que me han inspirado y guiado a lo largo de mi vida. Se trataría pues, de una apropiación creativa de lo que está ahí, en la palabra pública, para hacerla

2 Manuel Cruz, «Deme un titular», *La Vanguardia*, 2020, 18 de septiembre, p. 22.

Bramante, claustro de Santa Maria della Pace, 1999

propia, para que pase a la palabra privada en aras de expresar con justeza lo que quiero plantear.

De todo esto, de sensibilidades y criterios, de reflexiones, de la fruición del arte, de la arquitectura, trata el presente libro. Deseando, desde mi modestia, siquiera rozar en mi exposición lo que Juan Ramón Jiménez pretendía en aquel poema: «*¡Intelijencia, dame / el nombre esacto de las cosas! / que mi palabra sea / la cosa misma, / creada por mi alma nuevamente*»[3].

La misma cosa creada por nuestra alma nuevamente.

3 Juan Ramón Jiménez, *Eternidades* en *Antología Poética 1917-1935, volumen 2*, Alianza Editorial: Madrid, 1984, p. 18.

DÓNDE, CON QUIÉN, PARA QUÉ Y CÓMO

A Gloria Fiorentino Hejduk

Tuve el honor y el placer de disfrutar en numerosas ocasiones interesantes encuentros, en su pequeña vivienda del Bronx, con Gloria, su esposa, y algún profesor de los muchos que frecuentaban a mediados de la década de los 80 y 90 del siglo pasado la Cooper o el IAUS, el instituto de estudios urbanos que regentaba Peter Eisenman.

Antes de cenar, en la veranda de la pequeña residencia, una disparidad de asientos ofrecía acomodo a los invitados. Desde la primera vez que estuve en la casa me llamaron la atención unas butacas de madera maciza con alto, estrecho y medievalizante respaldo rematado con dos alas en su parte superior. Otras no disponían de asiento (alguna vez experimenté la incómoda situación al utilizarlas). Un conjunto dispar de sillas, tal vez no solo para los visitantes sino para los ha-

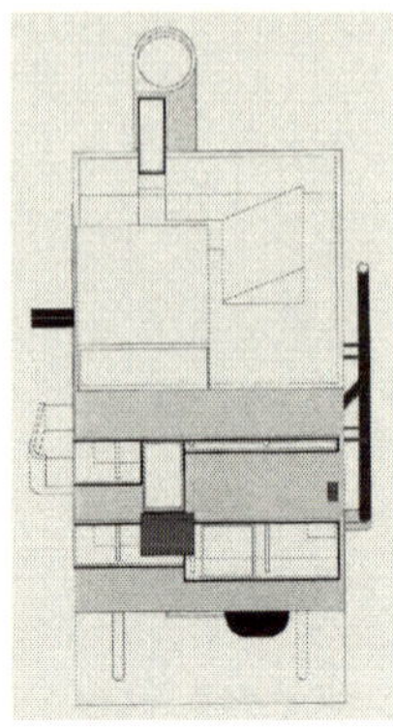

J. Hejduk, *Bernstein House*, isometría, 1968

bitantes alados que poblaban sus narraciones y se palpaban en el aire, sus poemas, sus arquitecturas. «No puedo hacer un edificio sin construir un nuevo repertorio de personajes, de historias, de lenguajes», continuó Hejduk, «no se trata de construir *per se*, sino de construir mundos».

Es posible que el conjunto que integraba aquella veranda no era ni más, ni menos, que fragmentos de un mundo en construcción.

Lo quisiera él o no, era protagonista relevante de un interesante movimiento de renovación arquitectónica denominado «Five Architects». Arthur Drexler fue *curator* de la exposición que el MoMA dedicó a este grupo de arquitectos que se completó con la publicación del libro del mismo título de amplia resonancia en el mundo de la arquitectura[4]

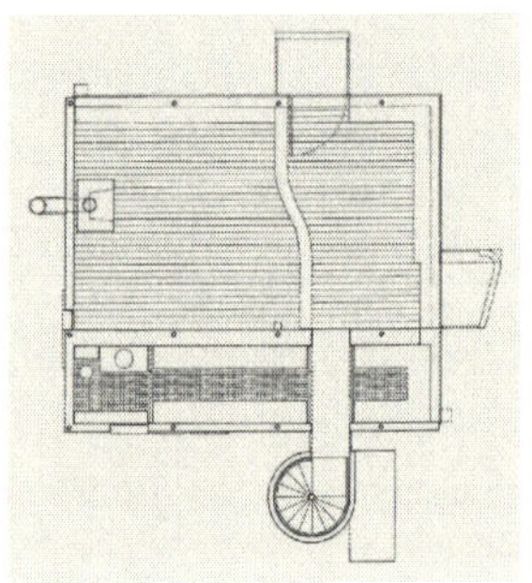

John Hejduk, *Bernstein House*, 1968

4 AA.VV., *Five architects, Eisenman, Graves, Gwathmey, Hejduk, Meier, Drexler*, Oxford University Press: Nueva York, 1975.

J. Hejduk, Curso en la ETSAV, 1984

Aunque Hejduk no se sintiera nunca a gusto bajo la etiqueta que difundió sus aportaciones en un momento de crisis del Movimiento Moderno su pasión por la docencia explica el largo período, desde 1975 hasta su muerte prematura en 2000, como Decano de la prestigiosa Irwin S. Chanin School of Architecture of the Cooper Union de Nueva York, de la cual, como la mayoría de los estudiantes de la escuela había sido estudiante becado.

Su interés por la transmisión del conocimiento se centraba en una relación con los estudiantes que, para él, consistía en extraer lo válido que llevan en su interior. Nunca dibujaba encima de sus trabajos y nunca les decía lo que tenían que hacer. Se trataba de tocar ese punto clave que nos impele a desarrollar la idea que llevamos dentro. Su forma de enseñar supuso la irrupción de una nueva manera de impartir docencia fuera de los cauces usuales en aquel entonces.

En noviembre de 1971 se expuso en el MoMA de Nueva York *Education of an architect,* donde se presentaban los proyectos elaborados por más de medio centenar de alumnos de Cooper dirigidos por John Hejduk y su brioso grupo de profesores. Se exponían trabajos y proyectos sobre los planteamientos cubistas y neoplásticos que se desarrollaron en Europa que ofrecían una posible relectura y aplicación en momentos de crisis arquitectónica.

La publicación subsiguiente se convirtió en objeto de culto dado el impacto que produjo el tipo de docencia impartida en la escuela, y que el libro recogía, considerada, en aquel entonces, «la mejor escuela de arquitectura del mundo».[5] Publicación que fue objeto de una reedición especial el año 1988, casi dos décadas después de la celebrada exposición y la publicación original del libro.

Pues bien, durante una charla con estudiantes y profesores, John Hejduk explicaba que echaba en falta algo. Que necesitaba un artefacto, un disponer de un instrumento como las aves, de unas alas para volar con lo cual la perspectiva se ampliaría y así lograr un punto de vista menos limitado, una visión más amplia, con la que poder acercarse al mundo que nos rodea.

5 John Hejduk, *An Education of an architect*, Rizzoli: Nueva York, 1971.

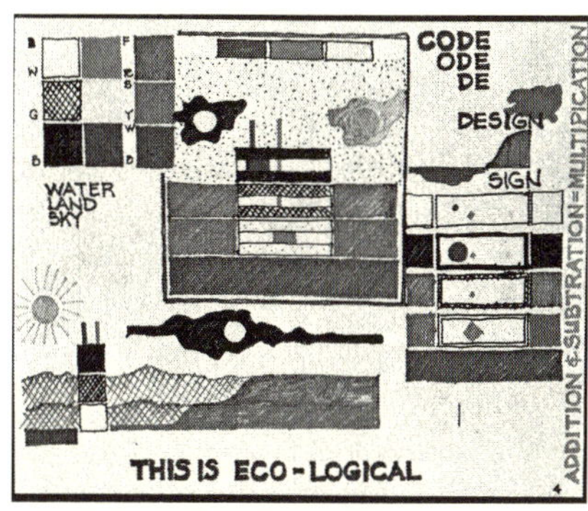

J. Hejduk, *Code*, 1976

Así que un día, en su pequeño jardín del Bronx neoyorquino comenzó a agitar los brazos, y observó cómo, poco a poco, se elevaba por encima de la cubierta a dos aguas de su pequeña casa. Volaba. Y vio y logró esa perspectiva total, la superposición de todos los puntos de vista imaginados. No parece que el resultado fuera del todo placentero, el hombre atenazado, la naturaleza castigada, la renuncia del ciudadano a su dignidad por la consunción, todo ello envuelto en una arquitectura alejada de su razón de ser originaria, olvidando su vocación de servicio a la sociedad que la produce.

En 1978, el rosa veneciano, el verde, el gris y el blanco teñían de color el estuco que revestía las 13 torres que Hejduk propone, en un «campo» del Cannaregio veneciano, como habitáculo de otros tantos habitantes de la ciudad, elegidos para ello. En la segunda fase de su proyecto se observa, en otro «campo», la casa del habitante que no quería participar –«who has refused to participate»– frente a la cual surge una torre de piedra desde la que cualquier ciudadano puede observar, sin ser visto, al habitante del rechazo mediante un juego de espejos.

J. Hejduk, Cannareggio (Venecia). «La casa del habitante que no quería participar»

Comentaba John, que desde 1974 Venecia había absorbido casi en su totalidad la naturaleza de su trabajo. Abstracción e historicismo, lo individual y lo colectivo, libertad y totalitarismo, el silencio y la palabra, lo literal y lo ambiguo, lo narrativo y la poética, el observador y lo observado. Los opuestos se debatían en sus propuestas tanto poéticas como arquitectónicas. No estaban sus ideas tan alejadas de lo que «vio» en su vuelo mental.

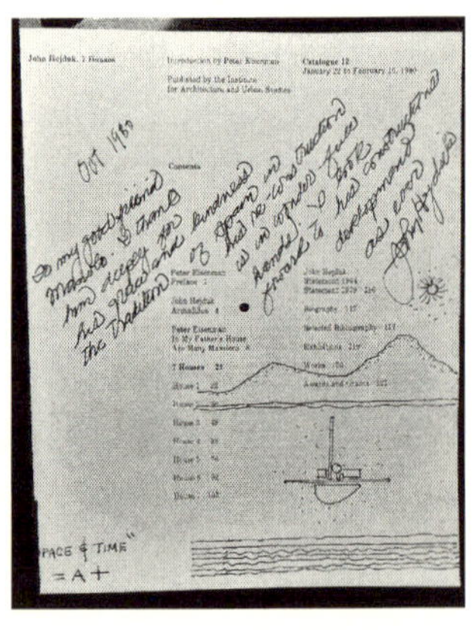

J. Hedjuk, Oct. 1980

John Hejduk ha volado, ha visto, ha observado y analizado la complejidad y la angustia de una realidad que le lleva de una «arquitectura optimista» de los «Five», como él mismo la denomina, que se desarrollaba desde el interior del Movimiento Moderno a una arquitectura que se convierte en metáfora de una imposibilidad. Y poco a poco personajes alados, crueles y placenteros que invaden sus proyectos, son el origen de sus propuestas.

J. Hejduk, *Death and identity*, 1978

Desde los dibujos con un portaminas 10H, cuyo trazo no permite ni duda alguna ni posible rectificación, figuras geométricas claras, diáfanas en el espacio con las que describe sus proyectos de esa época –que tuve la suerte de admirar en la sala de exposiciones de la Cooper– y reflejados en la publicación *7 Houses*[6] al trazo más grueso, casi dramático del *Berlin Masque* o *Victims*. Trazos más gruesos necesitará para expresar lo que había visto en su vuelo.

Ante esta acción no se me ocurre más que jóvenes y adultos y viejos volemos. Que las generaciones que, en tensión, escribimos la historia, y eso es así a pesar nuestro, salgamos de nuestro interior, de nuestro limitado punto de vista para saber ver dónde estamos. En qué contexto nos vemos. Cuáles son las circunstancias. Qué opciones se nos ofrecen. Y cómo darle respuesta.

Comenzar una etapa, por ejemplo, ser arquitecto, que probablemente marcará una entera existencia. Louis Kahn

6 John Hejduk, *7 Houses*, I.A.U.S. Exhibition Catalogues, 12. Nueva York, 1980.

decía «I love beginnings». Y lo decía porque empezar algo es el inicio de «construir» algo, nuestra vida. De construir-NOS, pero, antes de comenzar, tenemos que saber: Dónde estamos/ Con quién / Para qué (objetivo). Y si sabemos el qué (objetivo), sólo nos queda alcanzar el cómo lograrlo.

Cómo lograr una perspectiva global, de dónde estamos, para tener una idea de lo qué hacer, disponer de un *input,* para comenzar *algo* (que nos llene, que responda a nuestro más profundo deseo).

¿DÓNDE ESTAMOS?

En una institución que transmite conocimiento: la Escuela de Arquitectura.

Según Louis Kahn, «las escuelas comenzaron con un hombre, que no sabía que era un maestro, discutiendo bajo un árbol sus experiencias con unos pocos que ignoraban, a su vez, que eran estudiantes. Estos últimos, reflexionando sobre lo que se había discurrido y sobre lo útil que les había resultado la presencia de este hombre, aspiraron entonces a que sus hijos también escucharan a un hombre semejante. Pronto se erigieron los espacios necesarios y aparecieron las primeras escuelas. La aparición de la escuela era inevitable porque formaba parte de los deseos del hombre»[7].

7 Louis I. Kahn, *Forma y diseño,* Nueva Visión: Buenos Aires, 1974.

Desde los primeros tiempos el ser humano, consciente de su ignorancia, ansía conocer, necesita conocer.

Platón: «¿Qué ser es capaz de la actividad cognoscitiva?» Ortega y Gasset: «No lo es el animal porque lo ignora todo, inclusive su ignorancia y nada puede moverle a salir de ella... tampoco Dios, que lo sabe todo de antemano y no tiene por qué esforzarse». Sólo «un ser de intermisión», entre ambos, «dotado de ignorancia, pero a la vez sabedor de esta ignorancia, se siente empujado a salir de ella y va en dinámico disparo, tenso, anhelante, de la ignorancia a la sabiduría»[8].

Este ser intermedio es el hombre, el individuo: nosotros, que al saber que no sabemos, intentando salir de nuestra ignorancia, nos cargamos de preguntas en un camino duro y placentero a la vez.

Aquí, en la universidad, profesores y estudiantes, con ansia de conocimiento, deseando salir de nuestra ignorancia para alcanzar a rozar la sabiduría, la belleza, la armonía, si se mantiene como lugar de reflexión, conocimiento y aprendizaje frente a los intentos de convertirla en algo «práctico» y «productivo».

¿CON QUIÉNES ESTAMOS?

Hoy y aquí estamos profesores y estudiantes, distintas generaciones. Pero este hoy envuelve tres tiempos, que correspon-

8 José Ortega y Gasset, *Carta a un alemán pidiendo un Goethe desde dentro,* Biblioteca Nueva - Fundación Ortega y Gasset: Madrid, 2004.

den a las tres generaciones que convivimos: jóvenes, adultos, viejos. Tres significados diferentes en una unidad de tiempo histórico. Tres dimensiones vitales forzosamente trabadas en el presente que –y no dejo al filósofo– «al ser diferentes, en esencial hostilidad».

Y esto es la historia, en la que queramos o no, estamos inmersos participando en su devenir. Tres modos de vida distintos, contemporáneos, cuyo encuentro provoca conflicto, desequilibrio interior que hace que la historia se mueva, evolucione. Fluya.

Como la arquitectura que acompaña desde su origen al hombre en la construcción, siempre en evolución, del habitar humano; en tensión con el hoy e inmersos en el devenir de la historia. Este es el medio, lo contemporáneo: una situación rica en tensiones que nos proporcionará un conocer y saber actuar en un equilibrio siempre inestable.

¿PARA QUÉ? EL OBJETIVO

Para saber formular, para saber proyectar... En un momento en el que no existen criterios fijos ni certeros con los que aproximarse a la producción arquitectónica, se entiende que una arquitectura debe saber encontrar la respuesta adecuada a una situación concreta.

En aras del progreso se ha aniquilado la idea clásica de ciudad, espacio de encuentro, de relación y producción, de enriquecimiento colectivo, destruyendo en consecuencia la vocación claramente urbana de la arquitectura.

Todo esto no es nuevo. Walter Benjamín, denunció el progreso como destructor de la naturaleza y expoliador de sus recursos. Y Karl Kraus, en la Viena de principios del siglo XX, advertía más o menos con estas palabras: el progreso hace monederos con la piel humana. Los momentos de crisis y por tanto de desorientación ante nuevas situaciones son constantes históricas.

Y como siempre, sólo desde una actitud activa y crítica podemos hacer frente a la realidad en que vivimos y haciendo propuestas conscientes, transformarla.

¿Para qué? ¿por dónde empezamos?

Cuando todo es posible, cuando las formas más inesperadas e inexplicadas se plantean. Cuando la sociedad que nos rodea se pasma ante espectaculares artefactos, frutos de la propaganda y del despilfarro absolutos obviando todo lo que sea el razonar, el buscar la razón de ser del problema para encontrar la respuesta certera.

No tenemos receta. Miramos a nuestros coetáneos cuyas brillantes ofrendas nos seducen inmediatamente al ir acompañadas de nuestras músicas, colores, indumentarias e incluso trasnochados tatuajes que creíamos enterrados en la noche de los tiempos. ¿Quién recuerda a Loos?

Miramos a los otros compañeros del andar la vida: otras edades, otra música, otra indumentaria. Su propuesta es inteligible, incluso parece estar argumentada. Antes quizás, el mero sentimiento de pertenencia al grupo bastaba para captar las ideas. Ahora llamamos en nuestra ayuda a la razón para entender, ¿pero en qué nos basamos para poder elegir de entre toda la ingente información que recibimos? No hay satisfacción plena, falta algo. Queda una sensación de naufragio, pero alcanzamos los instrumentos necesarios para sobrevivir.

«La vida es siempre un naufragio, pero naufragar no es ahogarse» (sigo de la mano de Ortega).

¿CÓMO ALCANZARLO?

Sintiendo el abismo, agitamos los brazos para mantenernos a flote... La conciencia del naufragio es ya la salvación. «Esa agitación de los brazos» con que reaccionamos ante nuestro muy probable ahogamiento «es la cultura: un movimiento natatorio[9].

Ignazio Gardella, enorme y olvidado arquitecto, nos indicaba que el proyecto de arquitectura toma cuerpo sobre la base de nuestro conocimiento y que cuanto mayor era éste mayor capacidad de respuesta alcanzaremos[10].

En el amplio campo de la cultura, del pensamiento científico, la acumulación de experiencias desde el disfrute que proporciona el aprendizaje no es sino un depósito del que en cada momento extraemos lo adecuado para resolver un

9 José Ortega y Gasset, *op. cit.*

10 Antonio Monesteroli, *L'architettura secondo Gardella*, Ediciones Universitá Laterza - Architettura: Roma-Bari, 1998, p. 78.

problema. Problema de arquitectura porque queremos ser arquitectos que den respuesta ajustada a lo demandado por la sociedad...

Desde esa inevitable discontinuidad que presenta la situación de crisis en que estamos inmersos nosotros los individuos para poder seguir caminando por la vida. Pero ¿quién nos muestra el camino?

Heidegger nos advierte: «El camino está detrás de nosotros, no delante de nosotros». Herederos de un conocimiento, de una cultura, del «ingente tesoro que nos lega el pasado» (...) El que conserva la fe en el pasado no le asusta el porvenir porque encuentra en aquél el método para construir el problemático mañana»[11].

Os propongo, con Hölderlin, ir «donde resuena el gran destino (...) Donde nació todo».

11 José Ortega y Gasset, *op. cit.*

LA HISTORIA COMO FONDO

Si convenimos que cada proyecto de arquitectura se mide con un mundo expresivo que ha existido y continua existiendo, podemos deducir el interés por el conocimiento de la experiencia de la arquitectura, por la necesidad de su historia no como fuente de información general, ni mucho menos listado de obras maestras de determinadas épocas, sino como herramienta indispensable en la búsqueda de la formación de un juicio sobre la experiencia de la disciplina, que nos posibilite la adopción de un criterio motivado sobre la arquitectura en toda su complejidad a partir del cual podamos construir una propuesta que se insertará en el devenir del tiempo.

Giorgio Grassi, en un texto sobre la escuela y las condiciones de nuestro trabajo de arquitectos habla del papel de la historia: «Lo más importante para un estudiante hoy es la formación de un juicio motivado y coherente sobre la arqui-

Louis Kahn,
Fragmentos

tectura en su complejidad. (...) En este sentido un paso fundamental del aprendizaje es el juicio sobre la experiencia histórica»[12].

La experiencia de la historia surge como fuente de entendimiento y convivencia, como banco de pruebas donde se reflejan los éxitos y los fracasos que alimentan nuestro trabajo. La Historia de la Arquitectura, testimonio de un pasado más o menos remoto, se convierte en material de nuestro trabajo cuando alcanzamos a discernir el *porqué* de las respuestas que se han dado con anterioridad a determinados problemas.

El pensador francés Alain Finkielkraut afirmaba que «la misión de la escuela es integrar a los estudiantes, en un mundo que es mucho más viejo que ellos, para tejer los lazos entre los vivos y los desaparecidos»[13]. Y no sólo por el hecho innegable de que «los muertos son mucho más numerosos que los vivos», como expone su conciudadano el director de cine François Truffaut a propósito de su film *La chambre verte* (1978), sino porque dicha misión nos recuerda que la historia

12 Giorgio Grassi, «Un parere sulla scuola», *Domus* n.º 714, Milán, 1989, pág. 58, incluido en G.G., *Arquitectura lengua muerta y otros escritos*, cap. 11, *«Una opinión sobre la escuela y las condiciones de nuestro trabajo»* (1989), Ediciones del Serbal: Barcelona, 2003.

13 Octavi Martí, «Entrevista a Alain Finkielkraut, filósofo», *El País*, 1999, 24 de agosto.

es componente básico para la comprensión de la realidad, y en nuestro caso, como legitimación de la disciplina.

La arquitectura que se va construyendo a lo largo de la historia se erige como corpus disciplinar de tal manera que el objeto arquitectónico cobra legitimidad, y un significado preciso, introducido en el decurso histórico. Porque «tejer los lazos» tiene como consecuencia un desvelar las respuestas que la Arquitectura ha dado a las diferentes preguntas que se le han planteado a lo largo de su suceder. Problemas del hombre moderno que, según aseveraba un vanguardista como el director de cine Michelangelo Antonioni, son los mismos que los del hombre de la época de Homero.

El devenir histórico nos muestra las respuestas que ha dado la Arquitectura a lo largo del tiempo, y de su conocimiento podemos extraer «un juicio sobre la experiencia histórica», un criterio que nos permite acercarnos críticamente a ella, constatando que en cada momento la arquitectura proporciona unas respuestas a problemas que esencialmente no están tan alejados de los que hoy se nos plantean.

Se podrá aducir que en una situación cultural como la actual, que ha olvidado la historicidad, el necesario juicio sobre la experiencia histórica se torna una acción individual que trata, quizás utópicamente, de mantener un hilo conductor con aquella. Diversos pensadores acuden a resolver nuestras dudas y angustias. De un lado T. S. Eliot que, como nos recuerda Gil de Biedma, al examinar la *Historia de la poesía* «no cae en la embriagadora tentación de pronunciar excomuniones y conceder salvoconductos; se contenta con hacer valer aquellas observaciones y experiencias del pasado que todavía son útiles y con poner en claro la continuidad –y necesidad– de un proceso histórico»[14].

Continuidad y necesidad que expone Giorgio Grassi en diferentes escritos y para quien la historia se plantea como un *continuum* insistiendo en que la arquitectura, a lo largo de la historia, siempre plantea las mismas preguntas, y nuestras respuestas se relacionan con las que le han precedido. La inserción de nuestras obras en la larga experiencia de la arquitectura es uno de los factores que les otorgan su razón de ser. Las grandes arquitecturas se reconocen porque se inscriben en ese devenir, en continuidad. La calidad específica de nuestra propuesta forma parte «de una construcción más amplia y unitaria: la construcción de la arquitectura en el tiempo, la larga experiencia de la arquitectura en el curso del tiempo»[15].

Construir *en* y *desde* la historia no es una acción novedosa. El pensador José Ferrater Mora afirmaba hace ya décadas que los que modifican sustancialmente el futuro son aquellos que viven enraizados en el pasado y son conscientes de las implicaciones de la historia, que las acciones pasadas pueden comprometer aquello que está por venir.

14 Jaime Gil de Biedma, «Prólogo», en: Thomas Stearns Eliot, *Función de la poesía y función de la crítica*, Tusquets Ed.: Barcelona, 1964, p. 16.

15 Giorgio Grassi, *op. cit.*, p. 59.

En el inevitable acercamiento individual a la historia sentimos como si el tiempo se achatara, la diacronía se torna sincronía. Sobre la mesa y analizadas las diferentes respuestas producidas a lo largo del tiempo, mediante el criterio que, al menos, hemos empezado a pergeñar, elegimos la acción que queremos ejecutar.

No sin razón Heidegger escribió que «sólo cuando nos volvemos con el pensar hacia lo ya pensado nos ponemos al servicio de lo por pensar»[16]. Pero al hacerlo no podemos soslayar la situación de la que partimos. Cierto es que disponemos de todas las lecciones de la historia, que a través de un proceso logramos disponer de un criterio de lectura, y de elección aunque, hoy en día, estamos privados de unas reglas aceptadas, de cualquier pauta que no sea la del talento personal, por lo que lograr estos objetivos se convierte en «el resultado exclusivo de una operación que empieza y acaba en el sujeto, que nos transmite, desde su soledad la angustiada situación de alcanzar una propuesta hecha desde la distancia insalvable de su condición contemporánea»[17].

Inevitable contemporaneidad que no evita más bien confirma, que existen unas arquitecturas que recordamos, que nos interesan porque al volver a visitarlas siempre aportan

16 Martin Heidegger, «Construir, habitar, pensar», en *Conferencias y artículos*, Ediciones del Serbal: Barcelona, 1994, p. 139.

17 Ignasi de Solà-Morales, «Diferencia y límite: Individualismo en la arquitectura contemporánea», en *Diferencias: Topografía de la arquitectura contemporánea,* Ed. Gustavo Gili: Barcelona, 2003, p. 119.

una luz en el vertiginoso suceder de nuestras vidas. Arquitecturas que se imponen por su necesidad «como si estuvieran allí siempre». Arquitecturas cuya razón de ser nos incita a la reflexión, a la extracción de nuevas conclusiones con las que enriquecer nuestra experiencia, nuestra capacidad de respuesta ante un proyecto de arquitectura.

LA IMPORTANCIA DE LOS VIAJES

Caro Cesare, insegnaci ancora una volta un'anima capace de stupirsi e diturbarsi, e solo allora potremo dire di essere pronti a viaggiare[18].

VITTORIO SGARBI

Dicen que Goethe a su llegada a Roma, exclamó algo así como: ¡Por fin he nacido![19] No era para menos: ante sus ojos las potentes arquitecturas romanas y el descubrimiento de un sólido armazón teórico que les proporciona su razón de ser.

En 1787, a los 37 años, inicia su primer viaja a Italia. Y lo más sorprendente: el ya entonces reputado escritor y pensador (su romántico *Werther* ha sido vorazmente leído en toda

18 «Querido Cesare, enséñanos una vez más un alma capaz de asombrarse y emocionarse, y sólo entonces podremos decir que estamos listos para viajar», N. del A. Vittorio Sgarbi, *Un'anima che non smetta di stupirsi!*, Prefacio al libro de Cesare Brandi: *Viaggio nella Grecia antica*, Bompiani: Milán, 2007.

19 En la rigurosa biografía de Rüdiger Safranski (*Goethe. La vida como obra de arte*, Tusquets: Barcelona, 2015) encontramos muestras abundantes de ese renacer que experimenta Goethe en su viaje a Italia. Sin olvidar, en cuanto al descubrimiento de la arquitectura renacentista, su encuentro en Vicenza con la arquitectura palladiana, sobre la que dice: «estoy siempre dando vueltas y veo y ejercito mis ojos».

H. W. Tischbein, *Goethe en la campiña romana*, 1787

Europa y ha comenzado a escribir *Fausto*) no puede quedar ajeno, como persona sensible e inteligente, a lo que ven sus ojos y atrapa su mente: renace.

Años antes, al contemplar la catedral de Estrasburgo, sintió que «una sensación de plenitud y grandeza [le] llenó el alma».

De aquel gótico que se desparrama en deliciosos detalles, de las encrespadas olas del arrebatado *Monje en la orilla del mar* pintado por Carl David Friedrich, de «la tormenta y el ímpetu» (*Sturm und drang),* que comienza a primar los sentimientos, la irracionalidad frente a la razón, Johann Wolfgang Goethe viene a sucumbir en las templadas aguas del Mediterráneo, al equilibrio de lo clásico.

En su correspondencia así lo muestra. En cartas a su madre manifiesta: «Volveré como un hombre nuevo». O en otra misiva: «Solo ahora comienzo a vivir». A su amigo Johann Gottfried von Herder le escribe en el mismo sentido: «Comienza una nueva vida», o a su amiga Charlotte von Stein: «Cuento como segunda fecha de nacimiento, como un verdadero renacimiento, el día que llegué a Roma».

Obras de arte que hasta ese momento solo conocía por los libros se ofrecen a sus ojos y junto a ellas los tratados clásicos que sustentan, con su conocimiento, el goce que su contemplación provoca.

«El último hombre universal», como lo denominó T. S. Eliot, cambia sus parámetros, no solo teóricos sino también personales. Su forma de entender la vida se asienta, a partir de ese momento, en los ideales humanistas del clasicismo.

En aquella Alemania fragmentada en casi dos centenares de estados, ardía la inteligencia y encendía sus sentimientos el que los franceses portadores de una forma nueva de planteamientos se convirtieran en invasores, eso sí, aún en la guerra, el respeto por la cultura y sus protagonistas son sagrados: el Emperador, en medio de la batalla, se demoró en una visita a un autor admirado en toda Europa: Johann Wolfgang von Goethe. El autor alemán fue llamado a Erfurt, donde fue recibido por Napoleón el 2 de octubre de 1808, en el Palacio del Gobernador de dicha ciudad alemana.

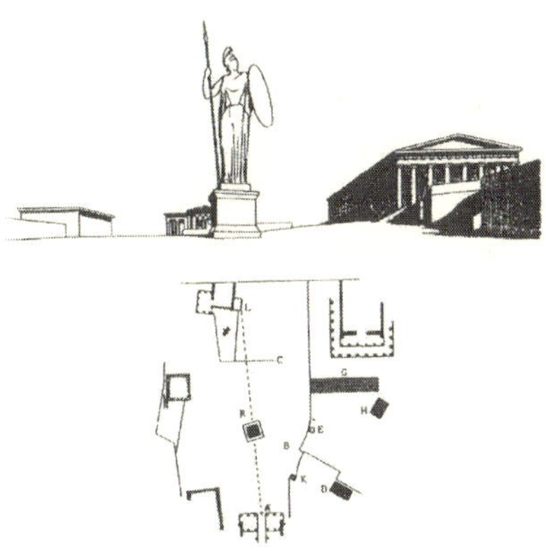

Le Corbusier, Acropolis

El respeto y el valor de la cultura me recuerda una escena de la película *Mientras dure la guerra,* de Alejandro Amenábar, en la Universidad de Salamanca, entre el General Millán Astray y Miguel de Unamuno. Napoleón se demoró en Ertfurt para presentar sus respetos a un notable representante de la cultura europea, Franco mediante una guerra civil impuso una vuelta a lo más negro del alma española.

Goethe, como nosotros hoy, vivió una época convulsa, dos revoluciones históricas y un crucial cambio estético: el paso de la Ilustración al Romanticismo, la libertad de expresión, la valoración de lo subjetivo: el origen de nuestro moderno pensamiento estético.

Goethe inició su viaje a Italia en 1787. Años antes, en 1783, Henry Beyle, conocido como Stendhal dio nombre a un síndrome que algunos sienten ante la contemplación de la belleza que Vikipedia la define así: «una emoción psicosomática que causa un elevado ritmo cardíaco, felicidad, palpitaciones, sentimientos incomparables y emoción cuando el individuo es expuesto a obras de arte, especialmente cuando estas son consideradas extremadamente bellas».

Parece ser que esta alteración le sucedió al escritor francés en su visita a Florencia, pero el concepto se extendió rápidamente por una Europa en que las clases dominantes, a imitación de la inglesa, viajaban a Italia para educar su sensibilidad.

VIAJES Y VIAJEROS

La idea del viaje como forma de aprendizaje se vio impulsada por la corriente empirista, que propugnaba que el origen del conocimiento es la experiencia. Ya a finales del siglo XVI se denominó *Grand Tour* el viaje iniciático en los que no sólo los jóvenes, de buena familia por supuesto (dados los costes del Tour), aprendían a distinguir y a apreciar los legados de la Antigüedad también a conocer ambientes distintos y a alternar con las clases altas de Europa, en especial en París donde generalmente terminaba el *Tour.*

El pensador John Locke sostenía que las ideas llegan al hombre exclusivamente a través de los sentidos y de los estímulos físicos a los que se expone por lo que el viaje era elemento indispensable para los que se interesen por un mejor conocimiento del mundo al mismo tiempo que abrían y desarrollaban su mente. Junto a las ruinas antiguas, centrándonos en la arquitectura, también los viajeros se interesaban por Renacimiento, al considerarlo una interpretación de la antigüedad mientras desdeñaban el Gótico y el Románico.

Las visitas y el dibujar arquitecturas clásicas o sus restos, la experiencia de disfrutar lo más característico de la arquitectura, el espacio, experimentar su recorrido, el juego de materiales, masas, era una experiencia sublime. La definición de la arquitectura como el juego inteligente de las formas bajo la luz del sol, solo podía percibirse visitándola.

Charles–Édouard Jeanneret–Gris, en 1911, a sus 25 años llega a Atenas en un viaje iniciático a Oriente, hasta Turquía, en el que recorrerá desde Suiza diferentes países europeos. Pide a su amigo y compañero de viaje, August Klopstein que le permita subir sólo a la Acrópolis. La tarde anterior la pasaría en un estado de ansiedad que solo calmaba con un poco de vino griego. Tras esa primera visita subió durante 15 días todas las mañanas a medir y dibujar las ruinas clásicas, sus medidas y proporciones, la relación entre ellas y el paisaje.

La experiencia quedó reflejada en *Le Voyage d'Orient*, publicado en 1965 cincuenta años después del viaje realizado y con la curiosidad de estar firmado por Le Corbusier, nombre con el que Jeannerét firmó a partir de 1920

Los escandinavos Asplund y Aalto también realizaron su viaje iniciático a la antigüedad clásica. Y a la arquitectura popular de Italia, no fueron a Grecia, pero Asplund llegó hasta Sicilia donde no solo se entusiasmó con los templos griegos de Agrigento y Selinunte, sino que admiró y también dibujó la vivienda mediterránea. Ellos bajaron al Sur y se empaparon de volúmenes simples, vegetación, luz y el color cegados por el sol. Y sus dibujos y reflexiones se deslizarían más tarde por el tablero de dibujo. Mientras Álvaro Siza visitó el Norte, en un camino inverso, pero también enriquecedor.

Parece que Hans Christian Andersen fue más radical en sus entusiasmos ya que no conseguía entender cómo podían vivir en Dinamarca sin la luz maravillosa que envolvía el país meridional.

Realmente el resultado del visitar, conocer experimentar los recorridos realizados, para disfrute y conocimiento individual aparece más tarde disuelto en las trazas dibujadas en nuestros proyectos constatando la necesaria experiencia.

Es como un acto para cambiar mi mundo, nuestro mundo «para nutrirnos –como decía Le Corbusier– del admirable paisaje».

NECESIDAD DE UN CRITERIO

Al inquieto arquitecto Lluis Juan Liñán

De mi temprana lectura de Bruno Zevi dos consecuencias me acompañaron a lo largo de los años, una objetiva y otra subjetiva. La primera, el valor del espacio en arquitectura. Característica primordial que distingue este arte útil del resto de las Artes Mayores y Menores. Y recuerdo con gran placer, no podía ser de otra manera tratándose de la empatía, lo que la teoría *Einfühlung* significó para mí. El ser consciente de que nada actúa por sí mismo sino en función de lo afín que hay en nosotros es lo que Theodor Lipps afirmaba: «el sentimiento estético de simpatía no sólo es una forma de fruición estética, sino la misma fruición estética, [...] cada fruición estética está basada en la simpatía; que también nos la proporcionan las líneas y las formas geométricas, arquitectónicas, tectónicas, etc.».

Efectivamente nuestro acercamiento a las cosas, a los objetos, al arte, a la arquitectura, lo llevamos a cabo a través de la simpatía que despiertan en nosotros. Por empatía, como lo denominaría el mismo autor. Unas arquitecturas nos gustan más que otras, nos complacen, (estamos pensando en ello), nos interesan más (cuando analizamos la razón de ser de esa inclinación del gusto) Y por ello las escogemos. He aquí cuatro verbos cargados de sentido.

El gusto y la fruición los considero intrínsecos a la obra de arte. Nos aproximamos a una obra de arte por una atracción que sentimos, una emoción que despierta en nosotros, una especial fruición que nos proporciona un placer especial. Y tras la emoción viene a nosotros toda la carga intelectual que convierte la emoción en conocimiento. Y Paul Valéry se acerca de nuevo a la «Venus acostada» y «mis ojos aprenden de nuevo a ver». Y vuelve una y otra vez: «feliz distribución de claros y oscuros», también «sistemas de valores (...) de colores» y observa la «selección de partes hermosas y partes deliciosas (...) imagen de contactos, presencia de divinidad... obra del arte»[20].

Múltiples visitas, múltiples diálogos entre la obra y el espectador porque, concluye Valéry, «una obra de arte no lo sería, no habría poesía alguna, si no fuera tantas cosas a la vez».

Lo afín que hay en nosotros como diría Lipps da lugar a una acción intuitiva que ha provocado el gusto, lo afín, y pos-

20 Paul Valéry, *Cosas calladas. Tel Quel 1,* Las ediciones liberales - Editorial Labor S.A.: Barcelona, 1977, pp. 11-12.

teriormente pedimos para ello ayuda al razonar. Nos interesa una obra más que otra, razonamos *el porqué*, y la escogemos.

El *por qué / el motivo / la razón* de nuestra elección denota la existencia de un criterio, de un mecanismo que nos permite dar el importante paso de elegir. De escoger algo que responda a nuestros planteamientos. Disponemos de un criterio de elección. O deberíamos disponer de un mecanismo por el que nuestras acciones nacidas de una simpatía hacia ciertos objetos (arquitectónicos en este caso) se conviertan en la acción de escoger mediante un mecanismo racional: un criterio.

¿CÓMO LO HEMOS ALCANZADO?

Los arquitectos, al proyectar, disponemos, de todo un arsenal, de todas las obras que respondiendo a determinados condicionantes jalonan esta antiquísima actividad. Es decir: poseemos toda la experiencia histórica. Pero nuestra respuesta al problema que se nos plantea la damos desde nuestro «mundo individual», que hemos de construir y que quedará constituido por una selección personal extraída de aquel todo. Si logramos razonar el *porqué* de la elección podremos, a partir de ese momento, actuar.

EL CRITERIO: ¿CÓMO LLEGAR A ÉL?

Viollet-le-Duc, en su *Diccionario Razonado*, en la entrada «Goût», aclara que, «en numerosos casos, el razonamiento explica el juicio que el gusto ha pronunciado»[21].

El gusto: doscientos años filosofando sobre ese sentimiento que anida en nuestro interior y que ante su definición hoy parece que huimos. ¿Nos da miedo definir el gusto en el siglo XXI después de Deleuze? Subjetivismo y Deleuze...

Siguiendo al arquitecto y teórico francés del siglo XIX, el sentimiento del gusto no es más que un razonamiento involuntario, y cultivar el gusto no es más que acostumbrarse a lo bello y a lo bueno.

El paso siguiente: hacerlo consciente, racionalizarlo. Para lo cual es necesario saberlo encontrar, escoger, y para esta elección, llamamos en nuestra ayuda al razonar.

¿Mas cómo distinguir lo que es bello y lo que es bueno? Evidentemente el arte no pertenece al campo del conocimiento científico. En las ciencias naturales el conocimiento es objetivo.

Expuesta una hipótesis, la demostración empírica la confirma. Y podríamos repetir el experimento cuantas veces quisiéramos obteniendo siempre el mismo resultado. Confirmada una segunda hipótesis que modifica la anterior, queda aquélla sustituida por ésta.

Sin embargo, en el campo del arte donde la disparidad de criterios abunda ¿qué criterio o regla utilizaremos para discernir la calidad de una obra de arquitectura?

Para el empírico David Hume, para quien todo conoci-

21 Eugène Viollet-le-Duc, «Le goût», *Dictionnaire Raisonné de l'Architecture*, tomo 6, Ed. A. Morel: París, 1875, pp. 31-43.

miento deriva de la experiencia sensible, «no hay otro criterio que el veredicto unánime de jueces con gusto delicado, libres de prejuicios, dotados con capacidad de comparación y auxiliados por una práctica constante»[22].

Imaginemos por un momento que ante nuestros ojos se despliegan la Villa Rotonda, San Carlo alle Quattro Fontane, la iglesia Unitaria de Oak Park o la Villa Savoye. Obras míticas, dispares que sin embargo siempre me emocionan y siento que me enriquecen. Y las vuelvo a visitar de nuevo, esta vez rememorando... Pero puede que no todos los observadores se sientan *a priori* identificados con ellas. Con los que lo haga buscará el discernimiento, el porqué de este interés común. Un razonamiento que, como hemos dicho, al reconocer las cualidades del objeto arquitectónico explica el juicio que el gusto ha pronunciado.

Por tanto, cultivar el gusto, hacerlo razonable, y por tanto transmisible, demanda una actitud crítica que implica diversos estadios cuyo recorrido permite establecer unos criterios de certeza.

Entrados en el siglo XX, el poeta y ensayista Thomas Stearns Eliot, en su libro *Función de la poesía y función de la crítica*[23] nos habla de la necesidad de partir de una profunda

22 David Hume, *La norma del gusto y otros ensayos*, Ediciones Península - Nexos: Barcelona, 1989.

23 Thomas Stearns Eliot, *Función de la poesía y función de la crítica*, Prólogo de Jaime Gil de Biedma, Ed. Tusquets: Barcelona, 1999, p. 44.

experiencia para poder distinguir la buena poesía, y establece una referencia para acercarnos a ella: partir de lo que personas de reconocida exigencia han considerado «buena poesía» (leamos: buena arquitectura). Reflexión no muy lejana de la citada de David Hume, expresada con casi dos siglos de diferencia.

Arriesgándonos con un paralelismo entre las consideraciones que sobre la búsqueda de la buena poesía lleva a cabo Eliot y la formación de nuestro criterio acerca de la arquitectura, podemos intentar alcanzar este discernimiento que nos permita distinguir la buena arquitectura de la que no lo es. Para ello, reflexiona este autor sobre la necesidad de la crítica, entendida como una actividad intelectual encaminada bien a averiguar, en nuestro caso, qué es arquitectura, cuál es su función, por qué se construye y se disfruta, bien a apreciar lo que es la buena arquitectura.

Las preguntas ¿qué es la arquitectura?, ¿es esta una buena arquitectura?, constituyen las dos metas teóricas de toda labor crítica. No hay entusiasmo teórico que baste para responder a la segunda cuestión, porque no hay teoría que vaya lejos si no se funda en una experiencia directa de la buena arquitectura. Parafraseando al escocés Ivor Armstrong Richards –citado por T. S. Eliot–, se requiere un conocimiento apasionado de la arquitectura y una actitud para el análisis desapasionada.

Conocemos lo que es la arquitectura «leyendo» su representación en los libros, visitándola, lo que supone recorrerla, percibir sus espacios, su dimensión, el color, su escala. Entender el cómo establece su relación con el lugar que ha sido modificado por la acción de la arquitectura.

Cuantas más veces llevemos a cabo estas incursiones, cuantas más arquitecturas disfrutemos, mayor será nuestra capacidad de escoger o rechazar, pues «el conocimiento se origina en la experiencia sensible, trascendiéndola puesto que ofrece un conocimiento de la realidad que supera los límites de la experiencia sensorial»[24], pero la experiencia de la arquitectura no solo consiste en la suma de lecturas y vivencias, requiere su comparación y ordenación. Cierto es que «nadie nace dotado de un gusto infalible, nadie lo adquiere súbitamente». Aunque existen muchos individuos con aptitud de gozar y capacidad de clasificar, y al comparar las experiencias entendemos cada una con mayor profundidad, de forma que «el goce se profundiza en apreciación, que añade una fruición intelectual a la originaria intensidad del sentimiento». De este modo, continúa Eliot, «cuando no nos contentamos con escoger y rechazar, sino que ordenamos lo escogido, hemos alcanzado un estadio superior en nuestro conocimiento». «Y podría hablarse de un tercer estadio, o de reordenación de todo el material almacenado, en el que el lector descubre un nuevo criterio con el cual considerarlo»[25].

La racionalización de los resultados de este acercamiento permite, con relación a las obras con las que nos sentimos

24 Antoni Marí, *La vida de los sentidos. Fragmentos de una unidad perdida*, Ed. Tusquets: Barcelona, 2006, p. 11.
25 Thomas Stearns Eliot, *op. cit.*

identificados, objetivar sus aportaciones, mientras que con aquellas que no generan en nosotros empatía alguna, este estadio nos posibilita discernir su calidad y su contribución específica, independientemente del juicio negativo experimentado en su apreciación sensible. Criterio, en suma, que permite reconocer la calidad, «la bondad y la belleza» del material acumulado y a partir de ello construir una propuesta que, desde su aislamiento y las pequeñas certezas logradas, partirá de lo aprehendido para alcanzar una acción, inevitablemente individual, pero desde una mayor solvencia.

De la mano de T. S. Eliot hemos atisbado cómo lograr un criterio personal de acercamiento crítico a la arquitectura. Desde la sensibilidad alcanzamos la racionalidad de un acto, la construcción de la arquitectura, cuyo componente artístico la convierte en factor basilar.

Necesario es reunir sentimiento y razón, pues en la racionalidad interna y específica de la arquitectura descansa su capacidad de comunicación, comprensión y transmisibilidad, para llevar a cabo nuestra acción como arquitectos en «el mundo moderno (...), el mundo del fragmento, del resto, de la dispersión y de la multiplicidad (donde) no hay lugar para la reconstrucción de la unidad y el sentido» y en el que tal vez podemos encontrar hoy momentos en los que «el fragmento y el desperdicio tal vez puedan dar razón de casi todo lo perdido, lo ganado y lo por venir»[26].

26 Antoni Marí, *op. cit.*, p. 16.

La necesidad de un criterio que nos enfrente con solvencia al *construir* nuestra vida es un aprendizaje que no decae, que continúa, que debe ser difícil, pero que en última instancia se reduce a la formación de una sensibilidad, como afirmaba K. F. Schinkel. Y todo ello dentro de la cultura moderna con sus continuos cambios, signo de su espíritu crítico y de una fragilidad como la que se percibe ante cualquier tipo de lectura estética de la realidad.

MAESTROS NECESARIOS

Aprendí de un maestro, voluntariamente elegido por mí, Giorgio Grassi, que una propuesta arquitectónica tiene una razón de ser que se puede explicar y por tanto transmitir, pero mi formación es, diría, muy poco objetiva, porque parte de los sentidos.

El primer libro que leí en los comienzos de la aventura arquitectónica (*Saber ver la arquitectura* de Bruno Zevi) me introdujo de lleno en el Einfühlung, ese primer acercamiento a las cosas, objetos, el arte, mediante la empatía, el eco que todo objeto artístico despierta en nosotros ante su contemplación, el interés por la relación creación-fruición estética y aquello, fundamental, de que nada actúa sólo por sí mismo sino en función de lo afín que hay en nosotros.

Simpatía, afinidad, entendimiento. Establecer algo así como un «pacto ideal de coherencia y continuidad» que diría Giorgio Grassi, porque se convertirán en fuente e instrumento, marcándonos con su experiencia y su obra, las pautas para nuestro quehacer arquitectónico.

CONSCIENTE/INCONSCIENTE, SENTIMIENTO/RAZÓN, EL JUEGO DE LOS OPUESTOS

Necesitamos maestros que nos indiquen un camino, una forma de construir nuestra vida. En otra parte de este libro ya mencioné a David Hume, cuando dice que para llegar al conocimiento de las cosas «no hay otro criterio que el veredicto unánime de jueces con gusto delicado, libres de prejuicios, dotados con capacidad de comparación y auxiliados por una práctica constante»[27].

Maestros que nos guían

Maestros cercanos que vuelven una y otra vez, que poseen una función incitadora. Pero, atención, no demasiado cercanos para que el factor novedad no interfiera en la relacion maestro-alumno, que impida una reposada reflexión.

En mis primeros pasos me interesaron dos maestros canónicos en aparente contraposición, y no tan diferentes en profundidad: Frank Lloyd

27 David Hume, *La norma del gusto y otros ensayos*, Ediciones Península-Nexos: Barcelona, 1989.

F.LL. Wright, *Robie House*, 1970

Wright y Mïes van der Rohe. Su implantación en el lugar, el uso de materiales locales, cierta intemporalidad y el partir del hogar, la chimenea, de la cual parten los brazos que se insertan en el locus.

La tradición, la gran chimenea de obra en la que se apoyaban los elementos estructurales de madera para desarrollarse a partir de ella se recoge en la reformulación wrightiana, pero la arquitectura es espacio: el cúmulo de sensaciones que percibes cuando visitas la Falling Water, la compresión del espacio, su tratamiento con cristal y los materiales del lugar. También los diferentes espacios de la fábrica Johnson en Racine. O la villa Tugendhat en Brno de Mïes. Los planos paralelos, pavimento y techo, amparan un espacio cuyas funciones vienen definidas por materiales y texturas o simplemente el ladrillo, proyecto de la casa de ladrillo. El espacio fluye entre textura y materiales que subrayan y emocionan como el pabellón de Barcelona que podemos disfrutarlo de

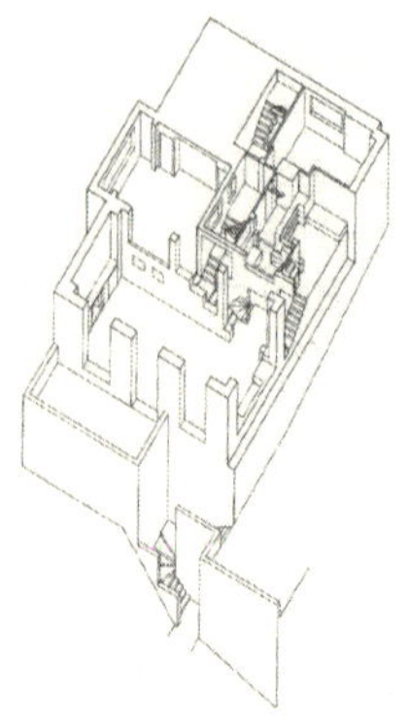

A. Loos, *Muller House*, Raumplan

nuevo gracias a la cuidadosa reconstrucción de Ignasi de Solà-Morales.

Como era de esperar la articulación de espacios me llevó al *raumplan* loosiano. Sus complejos y potentes espacios permiten, importante, un sillón orejero de cretona porque el espacio lo soporta (casa Müller).

No tuvo la misma suerte la Sra. Turgendhat en su casa de Brno donde no se le permitieron los rosales que deseaba en el jardín circular frente a la fachada posterior.

Al evocar la casa Müller (Praga, 1930) desde el mismo momento en que penetras por el vestíbulo hasta que llegas al salón y giras la vista que asciende por el comedor, el «boudoir», el «fumoir»... espacios que se comprimen y descomprimen, subrayado por los materiales, y la luz, todo ello supone una experiencia de los sentidos inigualable. El *raumplan* en todo su esplendor.

E. G. Asplund, Biblioteca, Estocolmo. 1928

Los premodernos, modernidad silenciosa, como Erik Gun-

J. A. Coderch

nard Asplund, con un interesantísimo juego entre modernidad y tradición. Hay que constatar que Giedion en su *Espacio, Tiempo y Arquitectura* de 1941, ni lo cita. Tampoco Pevsner, cuyo *Pioneers ... (Pioneros del Movimiento Moderno: De William Morris a Walter Gropius),* publicado después de 1930, cuando Asplund, tras la construcción del pabellón de Estocolmo, ya había sido aceptado en la modernidad establecida por los historiadores.

Mi acercamiento al quehacer de algunos arquitectos se fue enriqueciendo conforme la información de que disponía: Le Corbusier, Giuseppe Terragni, Richard Neutra... También el acercamiento al realismo arquitectónico a través del maestro José Antonio Coderch y Federico Correa/ Alfonso Milá, hasta llegar a la evocación de Clotet y Tusquets, pero en el recorrido personal que cada uno realiza, se entenderá más tarde, con mayor conocimiento, que también Schinkel o Palladio por ejemplo, dieron respuestas válidas a preguntas no muy diferentes a las que la arquitectura debe responder hoy.

Palladio, Villa Capra

La idea de orden, de control del espacio, de la proporción, de la armonía en suma lo mostrará Bruneleschi en una iglesia sin fachada (inacabada), la basílica de San Lorenzo. Y podemos acabar enriqueciendo el vocabulario en Sant' Ivo alla Sapienza o más cercana la puerta de los Hierros de la Catedral de Valencia.

Podemos pasar a la sugerente superposición de figuras geométricas en el exterior y la rotundidad del espacio interior en las iglesias de Hawksmoor y luego apreciar... No se trata de hacer una guía sencilla del espacio y la arquitectura, pero siempre al pasar por la puerta barroca de la catedral de Valencia, «la porta dels ferros», me emociona la curva y contracurva, el movimiento ascendente de arquitectura y escultura en un espacio que es grandioso aun a pesar de sus reducidas dimensiones.

Y la frase de Ignazio Gardella «...sono convinto che la cultura serva ad un architetto solo quando è, diciamo così, dimenticata. É come quando tu parli o scrivi e usi le regole della grammatica e della sintassi che però hai dimenticato. Se tu le dovessi applicare coscientemente di volta in volta parleresti a fatica»[28].

Todavía creo que el conocimiento se origina en la experiencia sensible y la trasciende. A pesar de que esta unidad, que engloba percepción, emoción e inteligencia, parece chocar con el mundo de hoy fragmentado, disperso, múltiple, pero nada actúa sólo por sí mismo sino en función de lo afín que hay en nosotros.

C. Rudolf, Puerta de los Hierros,
Catedral de Valencia

28 «... Estoy convencido de que la cultura es útil para un arquitecto sólo cuando está, digamos, olvidada. Es como cuando hablas o escribes y utilizas reglas gramaticales y sintácticas que has olvidado. Si los aplicaras conscientemente de vez en cuando hablarías con dificultad» (traducción del autor). Antonio Monestiroli, *L'architettura secondo Gardella*, Laterza: Bari, 1997, p. 54.

EXIGENTE ARQUITECTO, EXCELENTE AMIGO, MAESTRO

JUAN JOSÉ ESTELLÉS, *PAR LUI-MÊME*

El día 16 de agosto de 1948, con 28 años, Juan José Estellés Ceba cumplía uno de sus grandes sueños: ser arquitecto. Un sueño que había perseguido desde muy niño y que su fuerte compromiso con los legítimos intereses de la Segunda República pudo haber puesto en peligro.

Como él mismo cuenta, su relación con la arquitectura se había iniciado en el taller de su abuelo, artesano valenciano dedicado sobre todo a la talla en escayola y madera de arquitecturas e imaginerías religiosas.

Junto a él comenzó a dibujar, pintar y modelar. Pero no sólo eso; su abuelo tenía en su biblioteca tomos completos dedicados a la Historia del Arte cuyas láminas «ojeaba» durante las vacaciones veraniegas y, además, lo llevaba de compañía en sus cotidianos paseos, siempre salpicados por comentarios de todo tipo, y también a los conciertos.

Su padre José Estellés Salarich, médico de profesión, había sido en su juventud crítico de arte del diario El Pueblo, fundado y dirigido por el novelista Vicente Blasco Ibáñez, y poseía una amplísima biblioteca. Le gustaba comentar con su hijo las últimas lecturas y fue el primero en hablarle de Le Corbusier.

Su adolescencia transcurrió, en gran medida, en Madrid en el seno de la Institución Libre de Enseñanza, donde comenzó a aprender «viendo las cosas, sabiendo verlas». Allí dibujó y pintó de la mano de Juan Benítez, discípulo de Joaquín Sorolla, y conoció los entresijos del Museo del Prado, lugar donde el profesor José Giner Pantoja daba clases de Historia del Arte. También en Madrid inició, en 1941, los estudios de arquitectura que concluiría, siete años después, en la Escuela de Barcelona. En ella aprendió definitivamente a dibujar, proyectar y pintar. y en cuya biblioteca pudo ver, por primera vez, imágenes de las obras de los maestros del Movimiento Moderno y leer, por fin, los escritos publicados por Le Corbusier[29].

ESTUDIOS

La Escuela de Barcelona es donde Juan José Estellés vuelve a comenzar sus estudios de arquitectura, interrumpidos por la

29 Tito Llopis Arq., *Juan José Estellés Ceba: Escritos y obra plástica (1935-2007)*, editado por la Diputación de Valencia, 2009.

Guerra Civil, por prestar servicio en el ejército de la República y por ser represaliado tras la victoria golpista.

La Escuela ofrecía un método de enseñanza en continuidad con el que se impartía con anterioridad a la Guerra Civil. Dicho método, heredero del sistema *Beaux Arts,* que seguirá vigente en todas las escuelas de Europa y de América hasta los años cincuenta del pasado siglo, se convierte, en manos de un nutrido grupo de profesionales altamente cualificados, como por ejemplo Francesc Nebot, Eusebi Bona, Adolf Florensa o Pere Benavent, en la aplicación rigurosa de un sistema de enseñanza que no se presenta como repertorio formal, sino como un método garantizado para afrontar cualquier problema.

Juan José Estellés, no hallaría trazas de Le Corbusier que su padre le había comentado, sin embargo, fue con el profesorado ya citado y del que sabía apreciar sus méritos, como adquirió una sólida formación.

Recordemos que la vanguardia es por definición ruptura y por tanto no es el instrumento con el que se construye la ciudad europea. Colin Rowe subraya cómo desde el proceso que proporciona la lógica académica, se establece un conjunto abstracto de reglas de organización que, sintetizado en los Éléments *de Composition* de Guadet, aseguraba la reducción de cualquier proyecto a una secuencia ordenada de operaciones que permitía su resolución.

Como insiste Ignasi de Solá-Morales, «Gràcies a la generalitat i abstracció del mètode *Beaux Arts* ha estat posible extraure regles compositives capaces d´englobar materials i solucions procedents de diferents tradicions involucrant-les en la nova lógica acadèmica» posibilitando el camino a la recepción y difusión del lenguaje del movimiento moderno en la construcción de ciudades como Barcelona o Valencia.

Con la capacidad de resolución que le proporciona este bagaje académico junto a su inquietud personal, que le ha permitido seguir la evolución de las vanguardias que van transformando el horizonte europeo desde principio del siglo XX, aparece Juan José Estellés en la pequeña y castigada Valencia de 1948.

Lejos quedan las optimistas realizaciones arquitectónicas que otorgaban un nuevo y dinámico rostro a la ciudad: los cinematógrafos con elementos extraídos del repertorio expresionista berlinés o los esquemas divulgados por la Exposición de las Artes Decorativas de París, unido a la excelencia del trabajo de los oficios en interesantes interiores de cafeterías, *dancings*, negocios de todo tipo, que hoy se ignoran y se condenan a desaparecer.

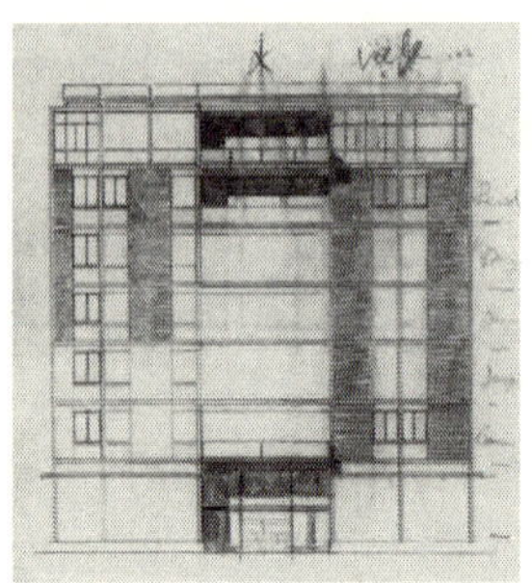

Alzado a mano del Colegio Mayor, 1957

Lejos también queda, pues, la recepción del moderno lenguaje arquitectónico que ha definido el nuevo centro urbano e impregna gran parte del Segundo Ensanche y otras ampliaciones de la ciudad, reflejado en las obras de arquitectos como Joaquín Rieta,

Colegio mayor
Santo Tomás Villanueva, 1957

Luis Albert, Borso González o Valls entre otros, analizados algunos de ellos en escritos del Dr. Estellés.

ALGUNAS OBRAS DE ARQUITECTURA

La primera obra que realiza Estellés en Valencia será un edificio de viviendas en la calle Reina Doña Germana, ubicada en el Segundo Ensanche. Un edificio que nuestro arquitecto resuelve a partir de un repertorio extraído de la cuidadosa producción de Durán Reynals, basado en un culto y refinado vocabulario lejano de veleidades escurialenses.

Más tarde, en 1957, proyecta y realiza el Colegio de Sto. Tomás de Villanueva en el que Estellés alude en la memoria al Mïes van der Rohe de las construcciones escolásticas de Chicago sin eludir una cierta sensibilidad hacia la arquitectura histórica local, en cuyo contexto se sitúa, sin por ello renunciar a la inevitable actualidad de su intervención.

Forzoso es citar una obra compleja resuelta brillantemente y no apreciada en su justo valor: el Centro Parroquial San José en la Avenida del Puerto 155, donde el profundo conocimiento de la historia de la arquitectura se convierte en caña-

Centro Parroquial S. José, Valencia. Foto Jarque

mazo donde resolver, desde un planteamiento absolutamente moderno, un complejo programa mediante una brillante síntesis arquitectónica, descrito, por su autor, de esta manera: «El proyecto pretendía reunir, como en el centro de Pisa, los tres elementos tipológicos más cargados de simbolismo cristiano: la basílica, el campanario y el baptisterio, reunidos en este caso en un solo edificio. La basílica parece de sección incompleta, porque la nave izquierda cumple como capilla de la comunión y la nave derecha sólo se insinúa por un resalto del techo que permite, hasta cierto punto, recordar la iluminación lateral del prototipo».

Emilio Giménez en su escrito *Cultura de la supervivencia* redactado en ocasión del nombramiento por el Colegio de Arquitectos de la Comunidad Valenciana a Juan José Estellés como «Mestre Valencià d'Arquitectura», (1997-1998), comentó certeramente: «(…) Este edificio presenta la planta más atractiva (…) El rectángulo que alberga el baptisterio y la capilla de la comunión se comprime y la torre campanario integrada en la planta basilical, se sitúa tangente al círculo del baptisterio. Es como si el solar no permitiera la independencia de las formas puras insinuadas: el cilindro y los dos prismas, el de planta hexagonal y el de planta cuadrada que se funden en el conjunto». Marcel Breuer, en los edificios religiosos que proyectó, enfatiza los volúmenes geométricos que después ochava tal como si fueran prismas naturales cristalizados en hormigón armado, pero estos prismas regulares tienen que conectar con el conjunto de la planta y deliberadamente los distorsiona.

Especial mención merece el mobiliario sacro de hormigón de la Parroquia: la pila bautismal es un tronco de pirámide, el ara de la capilla es una V en el más puro estilo «breueriano» con pieza de mármol que apoya sobre ella, el altar mayor son dos piezas ochavadas de hormigón con tapa de mármol volando sobre los apoyos.

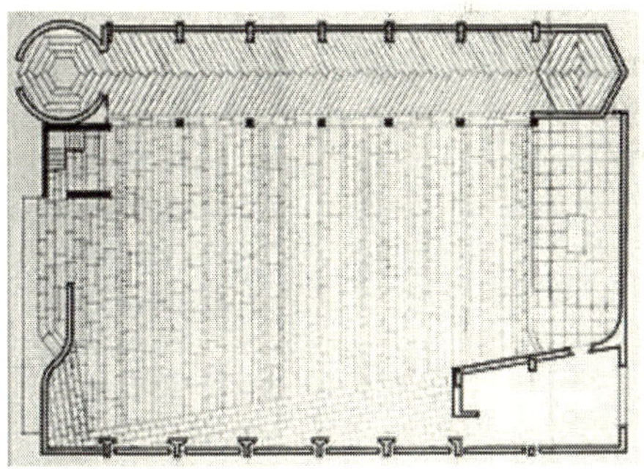

Centro Parroquial S. José, Planta

El campanario merece más palabras. Situado dentro del espacio de la nave, contiene una escalera que va a configurar el resultado formal del paralelepípedo vaciado en los descansillos y macizado en su frente. El forjado de remate apoyado en dos machones de ladrillo y en un pilar de hormigón vuela en su cara anterior. Todo un airoso conjunto que nos recuerda determinadas soluciones tipo de ciertos neoplásticos holandeses.

La magistral creación de este complejo parroquial ha visto recientemente alterada groseramente la fachada principal recayente a la avenida del Puerto mediante un ejercicio manifiesto de incultura y agresión urbanas injustificable. El ayuntamiento ha hecho una vez más gala de un absoluto desprecio e ignorancia hacia una arquitectura de interés remarcable.

ACTIVIDAD CULTURAL

En paralelo a su actividad edilicia, Juanjo Estellés es elegido presidente de la Comisión de Cultura del Colegio Territorial de Arquitectos de Valencia desde donde intenta llevar a cabo una ilusionante tarea de refundación cultural de la arquitectura valenciana vinculándola a los movimientos artísticos que se producen en el mundo civilizado y democrático que nos rodea frente a censuras tanto del régimen como del propio colegio, temeroso de enemistarse con aquel. Impulsa encuentros sobre diseño (materia absolutamente nueva en Valencia) en los que participan desde los ya consolidados diseñadores catalanes como André Blanc, Antoni de Moragas o Rafael Marquina hasta figuras internacionales como Tomás Maldonado (director de la afamada Escuela de Ulm) junto a exposiciones conceptuales, *happenings*, que tuvieron lugar en el Colegio y que en alguna ocasión clausuró la autoridad gobernativa.

DOCENCIA Y CIUDAD EN LOS ALBORES DE LOS 70

Acabados mis estudios en la Escuela de Barcelona, con la modernidad prendida bajo el brazo y con el telón de fondo de los cambios que apuntan los acontecimientos que estallan al final de la década de los 60, llego a la Estación del Norte de Valencia.

En 1972 conocí a Juanjo Estellés siendo ambos profesores de la Escuela de Arquitectura de Valencia, en una ciudad donde, simplificando, dos movimientos artísticos protagonizan la escena cultural. Por un lado, el crítico Vicente Aguilera Cerni consciente, en sus propias palabras de que, «era preciso intentar la repoblación forestal del desierto valenciano, buscando contactos con las corrientes internacionales», apoyándose para ello en el informalismo, la abstracción y una cierta influencia italiana. Y por otro, el grupo liderado por Tomás Llorens profesor también en el mismo departamento, de tendencia figurativa y marcado compromiso político que se expresa en un lenguaje inspirado en el arte «pop» americano.

La efervescencia de la escena artística es tan numerosa y rica en propuestas que sólo citaré el nombre de dos amigos con los que anduve largos trechos y que, como los púgiles, se sitúan uno a cada lado del ring, Jordi Teixidor y Manolo Valdés, abstracción y figuración, evitando citar otros interesantes personajes del momento, evitando así cualquier olvido involuntario.

Se trataba de un momento, de una situación en la que el arte, interpretando la realidad, tira de ella haciéndola avanzar hacia un ilusionante nuevo horizonte que se intuye con la ancianidad del dictador. Así pues, desde la Escuela Técnica Superior de Arquitectura de Valencia, siendo docentes en el mismo departamento, Juanjo profesor de Composición, y yo de Historia del Arte y de la Arquitectura, iniciamos una andadura común, siendo yo consciente, como nos recuerda Orhan Pamuk, de que sólo podemos conseguir una personalidad imitando a otros. Y en mi caso Juan José Estellés, dos décadas mayor que yo, a la vez que se va configurando como amigo va acrecentando su perfil de maestro a imitar.

«Scegliersi dei maestri»[30], escribiría más tarde Giorgio Grassi a propósito de la necesidad de maestros que nos guían en el hacer nuestra vida.

En estos fructíferos años llevamos a cabo proyectos tanto de pequeña, pero no menos relevante, dimensión como la rehabilitación de las salas de exposición del Ayuntamiento de Valencia en 1980, (demolidas recientemente con la usual falta de respeto a la obra de autor), hasta la buena acogida que se dispensa a nuestra propuesta para el concurso internacional,

30 Giorgio Grassi, *Escogerse unos maestros*, 1999 (Antiguos Maestros), en *Arquitectura lengua muerta y otros escritos*, Ediciones del Serbal: Barcelona, 2003.

Estellés, Grassi y Portaceli en Sagunto, 1991

por invitación, para la proyectación del Polo Financiero-Administrativo en el área Garibaldi-Reppublica de la ciudad de Milán en 1995.

Los vastos conocimientos de Estellés fueron fundamentales en direcciones de obra como la rehabilitación del actual Museo de la Ciudad (1985), la rehabilitación del edificio modernista, realizado por Peris Ferrando en 1906 sito en la Gran Vía Marqués del Turia 6 (1993) y, en especial, en la rehabilitación del teatro romano de Sagunto que se extiende desde 1990 hasta su abrupta paralización en 1993, estando casi terminada la obra. En todos ellos no sólo fueron claves su conocimiento de la construcción, del tratamiento de los materiales, de los oficios, sino también el acercamiento a la solución adecuada a partir de la investigación del material histórico que los edificios contenían y que había que desentrañar. En resumen: de los complejos factores que comparecían en obras de tan marcado compromiso.

VIAJES

Fueron importantes los numerosos viajes para conocer experiencias de arquitectos que nos interesaban por su rigor, por las obras ejecutadas. Visitar rehabilitaciones de antiguos palacios para uso museístico o intervenciones que admirábamos en nuestras bibliotecas, se confirmaban con la necesaria visita. La arquitectura es espacio y el espacio hay que recorrerlo, tocar sus materiales, experimentar sus recorridos.

Tras las visitas, la charla. Las largas conversaciones sobre la razón de ser, la pertinencia de las respuestas que observábamos en las obras visitadas hasta teorizar en *conversaciones* que podían extenderse inopinadamente, configuran este largo camino que se adentra en las relaciones personales y esto, como siempre nos recuerda un común amigo milanés, pertenece al estricto ámbito personal que sólo interesa a los más allegados.

Estellés y Portaceli

TRES CONSTANTES

Para cerrar este recorrido dinámico, he aquí tres constantes que busco en todo maestro y que Juanjo aporta con creces.

1. Curiosidad y asombro. Juan José Estellés manifiesta una inabarcable curiosidad que mantiene hasta el final de sus días. La formación que recibió y el arropamiento cultural y político de su familia le permitieron, no solo superar las terribles consecuencias de la infamante guerra civil, sino que, en pie, superadas «trabas académicas» y reclusiones, retomar desde lo aprendido y volver con fuerza, curiosidad y nobleza a vivir en 1948 hasta el día de su muerte en 2012.

2. «Saber ver». Y el profesor Estellés recuerda las siguientes palabras de su director de la Institución Libre de Enseñanza, Bartolomé Cossío: «lo que llega a saber un hombre culto (...) lo aprende viendo las cosas, quiero decir **sabiendo verlas**». Juanjo sabe ver las cosas, ha educado la mirada, factor basilar para el acercamiento a la arquitectura, a través de lo que Viollet le Duc denomina «razonamiento involuntario» que no es otra cosa que el acercamiento por simpatía al objeto artístico.

Más tarde, para el momento de la elección «llamaremos en ayuda nuestra al **razonar**».

3. La arquitectura en su devenir histórico. Cuando Juanjo Estellés habla de la casa que para él y su familia construye en 1961 en Campolivar (Valencia), cita como referentes la casa en Broadleys (1898), junto al lago Windermere, de

C.F.A. Voysey, la que E.G. Asplund construye para sí mismo en Stenna (1937) y las viviendas unifamiliares de Marcel Breuer que se difunden en el momento en que nuestro arquitecto comienza su andadura.

Breuer, antiguo alumno de la Bauhaus, introduce en sus casas americanas los materiales del lugar y cierta tradición constructiva en su insoslayable modernidad que interesarán a Estellés.

Voysey y Asplund, nos indican no sólo el amplio conocimiento crítico de nuestro arquitecto, sino también su consciencia de que la experiencia de la arquitectura es un *continuum* del que extraemos lecciones y principios para que nuestra obra, al insertarse en este continuo devenir, pueda medirse con dignidad con sus antecesores.

4. Finale. Y así, no sólo en la búsqueda de respuestas a las preguntas que continuamente se nos presentan en el inacabable y apasionante camino del conocimiento, ejerce Juan José Estellés su magisterio, sino también en recorrer dicho camino con la tolerancia y generosidad que me enseñó y que impregnan su recuerdo. Y todo ese proceso se pone de manifiesto no únicamente en sus escritos, en los que observamos la amplitud del campo de intereses, sino en la misma forma de exponer los diferentes temas, como en las clases que tuvo la amabilidad de impartir a mis estudiantes, en las que fluye, sin presunción alguna, una cascada de información, nunca gratuita, siempre vinculada a un discurso trabado del que se exponen las certezas y no se rehúyen las dudas a las que se llega en algunas ocasiones. Al fin y al cabo, como afirmaba Herman Hesse: «Nuestros saberes, por mucho que se multipliquen, no acaban en un punto final, sino en un signo de interrogación».

Parafraseando a Cicerón, uno de los mejores regalos que me han hecho los dioses ha sido el disfrutar de la amistad y la maestría de Juan José Estellés, con el que te atreves a hablar de todo como contigo mismo, que se alegra en las ocasiones prósperas y te ayuda a soportar las adversidades. Siempre dispuesto, nunca inoportuno ni molesto.

Con su benevolencia y afecto anduvimos durante más de cuatro décadas hablando de lo divino y lo humano y llevando a cabo empresas que abarcan desde elecciones colegiales –siempre fracasadas–, hasta obras de arquitectura enjundiosas y disfrutadas *malgré tout*, disfrutadas porque andaban parejas con el estudio y ampliación del conocimiento de las piezas a intervenir, de su historia, de su razón de ser para al final, poder dar la respuesta adecuada a problemas de arquitectura que nuestra responsabilidad como arquitectos no podíamos eludir, y pasando por infinidad de reuniones organizativas, conferencias preparadas, actividades todas desinteresadas, o los mencionados viajes «arquitectónicos», cuyas jornadas terminaban alrededor de una copa (óptima si se trata de un dry-martini, pasión que también nos unía) como pretexto para comentar y poner en limpio lo visitado, e interminables, inabarcables, charlas.

EL PROYECTO DE ARQUITECTURA

El proyecto de arquitectura no es un gesto, ni un ejercicio meramente formal. Es la respuesta a: cómo era/ cómo es/cómo podría ser el lugar donde vamos a intervenir para inevitablemente modificarlo.

El proyecto es una declaración de principios, es la respuesta al desafío de producir una arquitectura que se tiene que medir con un mundo expresivo que ha existido y existe y con el que tiene que confrontarse.

El proyecto constituye la expresión de un juicio sobre la arquitectura y el lugar donde se ubica.

La respuesta a un análisis del mismo, de cómo es, era y podría ser. De los problemas que planteó antaño y los que afloran modificados, actualizados podríamos decir, por las circunstancias del momento de la actuación.

C. F. Schinkel, Escenografía: Palacio de la Reina de la Noche («La Flauta mágica»)

Es decir: parte de un lugar, la ciudad en muchas ocasiones, con su presente y su pasado, para constituirse en lo que quiere ser, pide ser, en el futuro.

El proyecto contesta a preguntas como: ¿qué hace esta arquitectura aquí, en esta parte de la ciudad, construyendo un lugar, definiendo un paisaje?, ¿qué quiere proponer –decir– este proyecto en este lugar, con determinado programa hoy, en la actualidad? Y la propuesta no agota la respuesta a todos los problemas, siempre quedarán preguntas, situaciones, que el proyecto pone en evidencia.

EL PROYECTO DESDE EL PROGRAMA Y EL LUGAR

Los factores que condicionan un proyecto son distintos y de origen diverso. Tras su análisis e interpretación podemos plantear los objetivos de este. De entre aquéllos, el estudio del tema–programa y el análisis del lugar son, para muchos de nosotros arquitectos, parámetros fundamentales a los que debe dar respuesta el proyecto a sabiendas de que nuestra propuesta, respondiendo a unas necesidades, se introduce en un lugar concreto, con sus características propias, para modificarlo.

El tema–programa, al que debe dar respuesta el proyecto de arquitectura constituye lo que Giorgio Grassi denomina el objeto práctico del proyecto. Objeto práctico cuya definición es un punto de partida para poner en claro su razón de ser, sus condiciones actuales, enriquecidas por nuevas expectativas.

En la consecución de este «objeto práctico» del proyecto, el tema–programa se reinterpreta, e incluso se transgrede.

Louis Kahn comentaba que lo primero que tenía que hacer un arquitecto con el programa que le dan es cambiarlo, ya que arquitectura no es adaptar funciones a áreas dimensionadas sino creación de espacios que evoquen una atmosfera del uso al que están destinados. Espacios que se forman en armonía con la función que el edificio debe resolver.

No en vano en nuestro diálogo con las arquitecturas que nos han precedido, observamos su confrontación con la naturaleza transformada y, también, su adecuación a las condiciones materiales, a las singulares condiciones del programa.

En consecuencia, el tema–programa introduce el proyecto tanto en el campo historiográfico como en el campo teórico. Si conocer las respuestas que con anterioridad se han dado a problemáticas similares es reflexión necesaria para obtener conclusiones válidas, no debemos olvidar que aquéllas, ejemplos históricos que hemos estudiado, son sólo un estímulo, un indicio a partir del cual nosotros, inexorablemente, debemos «fabricarnos» nuestra forma de acercarnos al problema.

Nos construimos el «cómo» resolverlo desde las condiciones que en el momento que vamos a actuar se nos plantean.

EL LUGAR ES EL OTRO PARÁMETRO BÁSICO DEL PROYECTO ARQUITECTÓNICO

Si la tarea de la arquitectura es la de edificar lugares para el habitar, el lugar es por tanto una de las condiciones que influyen de manera decisiva en la elaboración del proyecto al hacer visible su existencia histórica, su aportación particular concreta, la riqueza de sus contenidos mediante el juicio al que los sometemos para construir nuestra propuesta, Pero el lugar no se hace presente antes de «construido». Mediante su construcción, por ella, surge el lugar.

Recordemos el conocido ejemplo de Heidegger de la parte del rio donde se va a construir un puente. A lo largo de toda la corriente, de los muchos sitios que encontramos, uno se configura como lugar «y esto ocurre por el puente. De este modo (...) por el puente mismo, y sólo por él, surge el lugar»[31]. No hay lugar sin construcción y al mismo tiempo no hay ac-

31 Martin Heidegger, *«Construir, habitar, pensar»*, en *Conferencias y artículos,* Ediciones del Serbal: Barcelona, 1994, p. 139.

ción del construir que no suponga modificación del territorio para convertirlo en un lugar.

El lugar es el espacio físico en donde proyectamos un objeto que lo modificará y dotará de significado. El análisis de esta fase del proyecto tendrá que responder a cómo ha sido ese lugar, cuáles han sido las razones por las que ha llegado a ser de una concreta manera; y el proyecto determinará ineludiblemente en qué sentido se tiene que transformar a partir de la intervención. Y hablando del lugar, unas palabras sobre la ciudad.

Nos hemos referido con anterioridad a ella como lugar usual de la arquitectura. La ciudad, que se presenta como hecho global construido, es el campo al que se refiere y donde se reconoce. Dado que las intervenciones se producen generalmente en ella, será importante que tal como la entendemos en la cultura europea, la estudiemos en el contexto e historia que dieron lugar a su forma actual.

Cómo ha sido la ciudad, cuál ha sido su evolución. Al destacar las arquitecturas que la definieron y definen, relacionando su forma con las técnicas de construcción utilizadas, los usos a los que estaban destinadas y con la evolución de todo ello, comparecen aportaciones propias de otras disciplinas que informan el proceso investigador: datos históricos, arqueológicos, sociales, a los que se añaden los técnicos, constructivos, y aunándolos a todos, la razón de ser de todos ellos, el por qué y el cómo de su comparecencia. Y este acercamiento crítico nos llevará a una propuesta de proyecto. De acción. De intervención.

Hablamos de problemas de Arquitectura y sólo desde ella obtendremos la respuesta adecuada al problema planteado por la sociedad.

En resumen, toda arquitectura, como construcción de un espacio, se desarrolla en un lugar y establece mediante la resolución del tema–programa, una serie de relaciones que el arquitecto debe conocer para llevar a cabo una propuesta congruente con la realidad física en la que se inscribe. El encuentro entre ambos parámetros origina unas conclusiones que se ordenan para alcanzar la forma de la propuesta. Su vocación es la de servir al descubrimiento de lo que ya existe previamente, como fondo permanente del cual la arquitectura ilumina sus condiciones, sus invariantes y también lo que ha evolucionado en el tiempo.

Ignasi de Solà-Morales resume con briosa y emotiva contundencia el encuentro entre el tema–programa y el lugar[32].

> *La arquitectura actúa trazando límites a cielos y tierras que tienen cualidades determinadas. Estas dimensiones cualitativas son esenciales. La tarea de la arquitectura es recolectarlas, hacerlas visibles, solidarias, ponerlas en el universo de la palabra. Si el hombre es el cuidador de las*

32 Ignasi de Solà Morales, *«Lugar, pertenencia, o producción»*, en *Diferencias. Topografía de la arquitectura contemporánea,* Ed. Gustavo Gili: Barcelona, 2003, p. 106.

palabras y sólo de ellas emerge el sentido de las cosas, la arquitectura tiene un cometido preciso: hacer de las condiciones ya dadas de cada lugar palabras que signifiquen las cualidades de la existencia, y que desvelen la riqueza y los contenidos que en ellas se contienen potencialmente. Es una labor que no se hace con principios generales, ni desde el vacío de la innovación. Surge, por el contrario, de tierras y cielos, de luces y sombras, de imágenes e historias que existen antes de la arquitectura, que son literalmente ancestrales. La obra de arquitectura es sólo un paciente reconocimiento, un laborioso cultivo de semillas que sólo esperan la mano de quien será capaz de hacerlas crecer y fructificar.

LA FORMA

Si los apartados de tema-programa y lugar pueden ser objeto de debate para establecer una serie de conclusiones en base a que se trata de parámetros objetivables y por tanto trasmisibles, el siguiente paso, el dar forma al objetivo del proyecto pertenece a la esfera individual. Se trata de una interpretación de aquellos datos que nos aporta el análisis de los parámetros citados, se trata, pues, de una acción individual, interpretación que dará lugar a la forma de la propuesta. Y esta acción, en ausencia de criterios fijos, de referentes aceptados, se convierte en un salto al vacío que el individuo, en su soledad, lleva a cabo mediante la interpretación de dichas conclusiones generales a través de analogías u otras operaciones mentales que le permiten alcanzar una respuesta adecuada a las necesidades planteadas.

El proyecto de arquitectura desde el tema y el lugar enunciará una propuesta que será diferente en cada caso, dado que «la experiencia nos da seguridad de juicio, confianza en los medios, pero (...) poner de nuevo cada vez todo en discusión es en realidad una condición necesaria del proyecto; incluso podríamos decir que esta lección procede de la buena arquitectura, esa arquitectura que cuanto más segura y definitiva parece, en mayor medida demuestra que la tentación académica es completamente extraña a ella»[33].

H. G. Gadamer en *Verdad y Método* dice que «una obra arquitectónica remite más allá de sí misma en una doble dirección. Está determinada tanto por el objetivo al que debe servir como por el lugar que ha de ocupar en el conjunto de un determinado contexto espacial».

UN VIEJO VALOR Y UNOS INSTRUMENTOS

De la triada vitrubiana habría que hacer hincapié en la «utilitas», porque en la confusión actual constituye el valor ances-

33 Giorgio Grassi, «Cuestiones de proyecto», en *Arquitectura lengua muerta y otros escritos*, edición a cargo de Carles Martí Aris, Ediciones del Serbal: Barcelona, 2003.

tral que puede hacer que la Arquitectura sea inmune a la pérdida de sentido que observamos en el arte contemporáneo.

No hablamos de un funcionalismo «*avant la lettre*» ni de un simple utilitarismo. Y no olvidamos tampoco que la arquitectura es un arte útil. Uso, cualquier tipo de uso, que le da vida y que justifica su razón de ser.

Y de la UTILITAS retomamos la planta del edificio.

El papel central que la planta juega en la definición de arquitectura moderna, Le Corbusier lo convierte en un referente del que extrae reflexiones que permiten ayudar a superar situaciones menos apasionadas y optimistas que las vividas por el suizo como las actuales. Por lo que nos aventuraremos en la recuperación de «instrumentos» para la definición de nuestras propuestas que nos ofreció el maestro suizo allá por el año 1923 (*Vers une architecture*) y los retomaremos, ahora que parecen olvidados.

«El volumen y la superficie elementos mediante los cuales se manifiesta la arquitectura están determinados por la planta. / La planta es el elemento generador... / La planta exige imaginación y disciplina. / La planta lo determina todo: es el momento decisivo. / La unidad de la ley es / la ley de una planta correcta: ley simple infinitamente modulable».

> *«Le plan est le générateur,*
> *-sans plan il y a désordre arbitraire*
> *-le plan porte en lui l'essence de la sensation».*

OTRA VUELTA DE TUERCA.
A PROPÓSITO DEL TEATRO ROMANO DE SAGUNTO

Saguntum, que repoblada por los árabes pasó a denominarse Murviedro, conservó este nombre durante todo el medievo y la época moderna hasta el siglo XIX en el que reivindica su romanidad.

Cuenta el hispanista Henry Kamen que sus ciudadanos indiferentes a sus ricos antecedentes de época medieval y moderna decidieron reivindicar su pasado romano y recuperar su topónimo seis siglos después de que en la Segunda Guerra Púnica, Aníbal la sitiara y aquella población, aliada de Roma, prefiriera inmolarse antes que rendir la ciudad.

«La propuesta fue objeto de críticas –continúa Kamen–, se decía que una humilde ciudad de provincias no tenía derecho a identificarse arbitrariamente con una gran leyenda de resistencia heroica. Pero al final fue aceptada»[34]. En 1868, Sagunto recupera su gentilicio romano. En 1896 su teatro romano fue declarado Monumento Nacional.

En el siglo XIX, la «humilde ciudad de provincias» tenía un pasado romano ineludible, literalmente, sobre su cabeza. A escasos metros de su plaza Mayor, alzando un poco la vista, el teatro, una imponente ruina que, fragmentada en sus extremos, agredida, todavía manifiesta el potencial constructivo de su arquitectura romana.

Montaña arriba se halla el castillo, testimonio de siglos de batallas, pero también recinto protector de la antigua ciudad de Sagunto, la inmolada. Anteriormente, en tiempo de los iberos, conocida con el nombre de Arse.

Pasada la breve ocupación de Aníbal, la ciudad se reconstruye con el apoyo económico del Senado Romano. Se potencian entonces los espacios comunitarios como el foro, que, imperial ahora, modifica y amplía el antiguo republicano. Se reordena y se planifica la ciudad, que se dispone, una vez superado el recinto amurallado, a descender montaña abajo mediante aterrazamientos y levantando un fulcro articulador que define el paisaje y relaciona ambas partes de la ciudad: el teatro.

La grandiosidad del teatro romano, poderoso edificio urbano, debía, por su escala, determinar el paisaje urbano actuan-

34 Henry Kamen, *La invención de España*, ed. Espasa: Barcelona, 2020, pp. 19-23.

Teatro romano de Sagunto

do como soporte de un restablecimiento a escala urbana y territorial. La Sagunto administrativa, la del foro, los templos, las tabernae, la basílica, las viviendas dentro del recinto amurallado, y la Sagunto que se iba a desarrollar montaña abajo buscando la orilla del río Palancia en años sucesivos.

Todo ello, desde el siglo XIX, era evocado por una potente ruina que pedía a gritos una lectura que nos transitara de la emoción, la evocación que nos provoca su contemplación al conocimiento de la razón de ser de esa emocionante huella de nuestra historia.

PUNTO DE PARTIDA

Estudiar un edificio existente, su historia, los datos arqueológicos que aporta, sus técnicas constructivas, caracteres estilísticos, su evolución, la relación con el lugar, los estudios comparativos, etc. proporciona un cuadro de datos cuya interpretación se produce a través de los valores y criterios con los que nos acercamos a ellos, en absoluto ajenos al *zeitgeist* desde el que trabajamos.

Como nos recordaba el arquitecto e historiador Ignasi de Solà-Morales, «todo problema de restauración es siempre un problema de interpretación de los datos que aporta un monumento». Esta interpretación es la que, a través de un proyecto de arquitectura, nos establece las pautas de la intervención. Por supuesto, la manera en que se interpreten los datos proporcionados por el monumento dará lugar a diferentes formas de intervención, a diferentes proyectos, y esa diversidad en la interpretación la posibilita, precisamente, la riqueza de aportaciones que encierra un monumento vivo.

Porque intervenir en el patrimonio arquitectónico no es un problema historiográfico, arqueológico, técnico o documental. Estos factores, estas disciplinas, son las que ineludiblemente están presentes en ese panel de datos del que hemos de partir para resolver el problema, que es un problema de arquitectura y sólo desde ella se puede dar la respuesta que propicie que en los monumentos, testimonio del pasado civil, la sociedad actual siga reconociendo unos valores colectivos[35].

Y desde la arquitectura vamos a acercarnos al problema de la rehabilitación del teatro romano de Sagunto.

EL TEATRO EN 1983

El teatro romano de Sagunto, como es usual en las obras de

35 Manuel Portaceli Roig, «La intervención en el patrimonio: una reflexión» (1994), en «Manuel Portaceli. Arquitecturas (1971-2001)», *Tribuna de la construcción*, n.º 50, Valencia, 2001.

la antigüedad, es expoliado durante siglos, reutilizando sus materiales y elementos arquitectónicos en diversas construcciones de la ciudad y fuera de ella. «Con mármoles de nobles inscripciones en Sagunto fabrican hoy tabernas y mesones», dice Bartolomé Leandro de Argensola (1634) citado por Domingo Fletcher[36]. Su destino, histórica y geográficamente vinculado al castillo, donde se ubican foro, templos, basílica, *tabernae*, y la primera ciudad romana, sufre destrucciones y reconstrucciones producto de avatares históricos que se suceden a lo largo de siglos.

Significativa es, en 1811, durante la guerra napoleónica, la orden de demolición de partes del teatro que dificultaban las operaciones militares, lo que suscitó agrias protestas, planteadas en sesión de las Cortes de Cádiz por parte de expertos, como el Dr. Palos y Navarro, autor de un riguroso estudio sobre el teatro, apoyado por eruditos de la talla de Borrull y Argüelles, entre otros. No se evitó la demolición, pero el teatro pasó a ser tutelado por el Estado.

Resultado: el olvido y los escombros de las demoliciones llevadas a cabo, como se observa en fotografías de finales del siglo XIX y principios del XX, bajo las cuales se hallaban, entre otros, fragmentos de bóveda del *aditus* Este, demolida al efecto.

36 Domingo Fletcher, «Servicio de Defensa del Patrimonio Artístico Nacional en Valencia: Breve Historia de las obras de restauración del teatro romano», *Boletín de la Diputación de Valencia*, n.º 3, junio 1963.

Teatro romano de Sagunto, demoliciones, s. XIX

La última agresión: los bombardeos de la aviación fascista italiana en la pasada guerra civil. Por suerte sólo afectaron a una parte no significativa del castillo...

Este colosal edificio imperial, construido en la primera centuria de nuestra era, con una ampliación en el siglo III que, por los datos arqueológicos disponibles, no suponía alteración alguna del tipo edilicio romano, yace abandonado en la montaña sometido a la erosión del tiempo y a la agresión de los humanos durante siglos.

En 1860, ante el continuado expolio, el historiador y cronista de la ciudad A. Chabret consigue que la Diputación de Valencia y el Ayuntamiento de la ciudad costearan la construcción de un muro envolvente que lo protegía de las agresiones, parte del cual es aún visible en los laterales del teatro[37].

En 1917, una nueva propuesta, que «evite la ruina de tan preciada joya arquitectónica», es llevada a cabo por Luis Ferre-

37 Antonio Chabret es autor de una interesante publicación: *Sagunto, su historia y sus monumentos*, Barcelona, 1888, en la que plantea una hipótesis de reconstrucción del teatro que ordena los datos arquitectónicos del mismo y plantea preguntas de interés como el uso y función de sus características torres.

res, el arquitecto de la Diputación Valenciana y Académico de San Carlos, y supervisada por José Ramón Mélida, prestigioso arqueólogo al que se debe el descubrimiento del teatro romano de Mérida y que aconseja «recibir y apear con fábricas idénticas la lamentable situación del teatro». Con todo, a pesar de su modestia y reconocida urgencia, la propuesta es ignorada, volviendo a caer en el olvido el teatro romano de Sagunto.

Es a partir de la tercera década del siglo XX cuando el teatro es objeto de atención y de numerosas intervenciones de reordenación y reconstrucción de la fábrica romana. Si estas intervenciones se llevan a cabo con el comprensible deseo de consolidar los restos, no es tan evidente el criterio que dichas actuaciones conllevan.

A la breve y respetuosa intervención de G. Martorell en 1930, le suceden diversas e intensas acciones de dudoso rigor desde 1955 a 1974. Así, en 1955, ante el grave peligro de hundimiento que presentaba el teatro, se autorizan obras de consolidación y reconstrucción con la prescripción de que la obra a realizar «mantenga el aspecto externo de lo antiguo; que sean empleados los morteros y mampuestos de tipo y calidad de lo antiguo»[38].

El teatro ofrecía en planta sus componentes arquitectónicos, sus medidas y proporciones; sin embargo, las obras de reconstrucción ejecutadas sólo hacen hincapié en la cávea, olvidando la escena, el *escaenae frons* al que canónicamente va unido.

38 Domingo Fletcher, *op. cit.*

Los trabajos realizados, de tipo mimético, no hacen sino acentuar el carácter pintoresco de ruina del conjunto, llegando incluso a distorsionarlo por acumulación de errores: la grosera reconstrucción de los *aditus* eliminando restos originales, ofreciendo el aspecto de teatro griego al ignorar el necesario *frons*; la errónea «recuperación» de la cávea, que no encaja con la sección proporcionada por los croquis antiguos y modernos. El error de replanteo se evidencia en su brusca interrupción al no poder superar la galería subterránea de acceso por insuficiencia de la pendiente adoptada.

En resumen: su objetivo no parece ser restituir lo más fielmente posible el teatro tal como era (tal como era según los estudios de los arqueólogos), sino más bien se trata de una restitución de las ruinas mismas, tal y como prescribía el documento de aprobación de las obras. Estas acciones llevadas a cabo en el teatro romano no eran una excepción por aquellos años en el campo de la restauración de edificios. Se comenzaba con una consolidación de partes del edificio que amenazan desplome. A medida que las obras avanzaban, nuevos problemas a los

Teatro romano de Sagunto en 1982

que dar respuesta se presentaban, y la consolidación, conforme adquiría mayor volumen, se convertía en reconstrucción.

En muchas ocasiones sucede que, además de las actuaciones específicas sobre el monumento, se planteen otras menores, «discretas y funcionales» totalmente justificadas. En nuestro caso un par de esas intervenciones «necesarias» inciden en la alteración de la forma del monumento al traicionar los datos originales.

En primer lugar, mediante una discreta operación, se podrían convertir aquellos restos en un escenario para representaciones al aire libre. Se procede a ello. Los datos están allí: los restos de la escena ofrecen a la vista los potentes muros descarnados de las substrucciones romanas (cimentaciones sobre las que se levanta el complejo *frons* romano), sólidos muros de sillarejo de piedra caliza de un gris azulado, como en el resto del teatro, que se apoyan en la roca banqueada a tal efecto.

En su lado Este, junto a un fragmento de muro (que se observa ya, incólume, en los grabados del siglo XIX de Laborde y Ortiz), se encuentran los restos de dos valvas, límite del escenario romano; la *Hospitaliae* Este y la *Regia,* la principal, el centro de la escena. Sobre ellas se alzaba el fabuloso *scaenae frons*, la mítica escena romana.

A pesar del dato evidente, la nueva plataforma, de vigueta de hormigón y bovedilla, se levantó no donde se ubicaba la escena romana con los restos de las valvas como fondo, sino detrás de ellas sobre el segundo muro del *postcaenium,* recreciendo para ello las cimentaciones romanas necesarias.

El teatro en 1811, por Laborde

Una aclaración. Durante nuestro proyecto de intervención, los arqueólogos nos suministraron la alineación de las trazas de las valvas que definían el *scaenae frons* original, a partir de los datos suministrados por sus restos, lo que nos permitió establecer y mostrar el límite de la escena donde se habría levantado el monumental frente escénico que la había configurado.

La segunda actuación «discreta y funcional» que afecta a la comprensión del teatro: construir un museo. La abundancia de restos romanos obtenidos por las demoliciones en el casco urbano plantea la necesidad de un espacio para su salvaguarda, estudio y posible exhibición. Se decide, pues, construir un pequeño museo.

La ubicación elegida es la fachada principal del teatro, utilizando el muro de la torre Este. La nueva construcción no sólo agrede dicho muro de sillarejo, bastante intacto y completo, allá donde presentaba cierta continuidad, sino que distorsiona su apariencia característica.

Obsérvese el grabado de 1875, del prestigioso arqueólogo Friedrich Wieseler, que representa, a escala, las plantas de los teatros romanos relevantes. En él, junto a referentes de nuestro proyecto, como los teatros de Orange y de Aspendos, se observa, en el ángulo inferior derecho, la planta de Sagunto con sus características torres. Se desconoce la función de dichas torres, pero la afectada por la construcción del museo presentaba, en oposición a su simétrica, prácticamente desaparecida, un paramento bastante homogéneo de los sillarejos de caliza color gris azulado característicos, al mismo tiempo que nos estaba indicando que, al menos hasta esa altura, llegaba ese tipo de fábrica romana.

Teatro romano de Sagunto, grabado de Wieseler, 1875

En 1990 la cubierta del museo se hundió tras una fuerte tormenta, parece ser que por defectos en su construcción. Era como si la naturaleza hubiera iniciado la liberación de la verdadera forma del Teatro romano de Sagunto.

El teatro en 1980 (aprox.). Obsérvese el museo junto al lado Este

UNA FALSA RUINA

Sabido es el favor del que gozan las vetustas piedras en el campo de la restauración, el éxito del pintoresquismo cuyo origen se sitúa en el siglo XVIII, en la Inglaterra de su impulsor John Ruskin. En esta actitud veían algunos arqueólogos la salvaguarda del valor documental de los restos, frente a los desmanes de tanta restauración estilística, «pastiche», llevadas a cabo desde mediados del s. XIX y durante las primeras décadas del siglo XX.

Esta teoría se ve potenciada por la fuerza de los consumidores masivos de monumentos, ruinas y parajes pintorescos, para los que los sentimientos de sorpresa, emoción, evocación eran suficientes como para no ir más allá en su contemplación, a la búsqueda del dato histórico, de un conocimiento racional del pasado.

Giorgio Grassi definió certeramente lo que se ofrecía a nuestros ojos: «il teatro di Sagunto si presenta, in larga misura, come una rovina artificiale (...) Voglio dire che gran parte di quanto appare oggi con più evidenza al visitatore appartiene in realtà ai più recenti interventi di sistemazione e ricostruzione del manufatto romano»[39].

39 Giorgio Grassi, *Ipótesi Generale di utilizacione e restituzione architettonica del Teatro Romano di Sagunto.* En Giorgio Grassi y Manuel Portaceli, *Restauració i Rehabilitació del Teatre Romá de Sagunt*, Generalitat Valenciana Eds.: Valencia, 1983.

Es decir, gran parte de lo que observaba el visitante en 1983, era producto de las reconstrucciones de tipo mimético que se habían llevado a cabo. Eran unas ruinas artificiales. Una falsa ruina.

Me gusta pensar que Júpiter estaba ansioso (si los dioses sufren de ansiedad) porque se liberara «la verdadera forma» del monumento. Por ello, un día de septiembre, en medio de una atronadora tempestad, lanzó sus rayos, destruyendo el museo que desfiguraba el teatro, y anunciando el principio de su recuperación.

Empezamos las obras de rehabilitación dos semanas después. El 20 de septiembre de 1990.

OBJETIVOS

Los criterios de restauración varían según la atmósfera histórica y artística del momento. No se puede, por tanto, establecer normas fijas para la restauración. Para Ambrogio Annoni sólo existe un criterio y es invariable: «ante el monumento, él es el maestro».

El estudio del monumento, su historia, su evolución. Sus caracteres físicos, sus sistemas constructivos... establecen las pautas de la intervención. Un profundo examen del edificio, un penetrar en los secretos de sus materiales y caracteres edilicios y el monumento «saprá dettare anche il da farsi»[40].

40 Ambrogio Annoni, *Scienza ed arte del Restauro Architettonico*, Ed. Artistiche Framar: Milán, 1946, p. 36.

Dictará la forma de actuación. Es la regla del «caso por caso». Cada tema exigirá una solución concreta según las circunstancias que concurran.

El teatro romano de Sagunto era un edificio en proceso de restauración (reconstrucción). Se trataba, insisto, de una restauración mimética sin posibilidad de vuelta atrás. Desde las condiciones concretas que ofrecían los restos del teatro, desde esta vía sin retorno iniciada por las intervenciones realizadas, se debía continuar la restauración, pero cambiándola radicalmente de signo.

► *Restituir el espacio del teatro. Su especificidad arquitectónica*

Había que hacer inteligibles las alteradas ruinas del teatro. La arquitectura del teatro romano de Sagunto estaba allí presente, en los restos existentes, sólo era necesario hacerlas aflorar. Ponerlas en relación era permitir su lectura, pero se trata de la restauración de un edificio, de rehabilitar arquitectura. Y la arquitectura sólo se reconoce en el espacio real, con sus dimensiones, sus proporciones, su escala, perceptible bajo la luz del sol, como diría Le Corbusier y antes, en el siglo XVIII, Ledoux. Y restituir el espacio

Teatro romano de Sagunto.
El museo tras su hundimiento

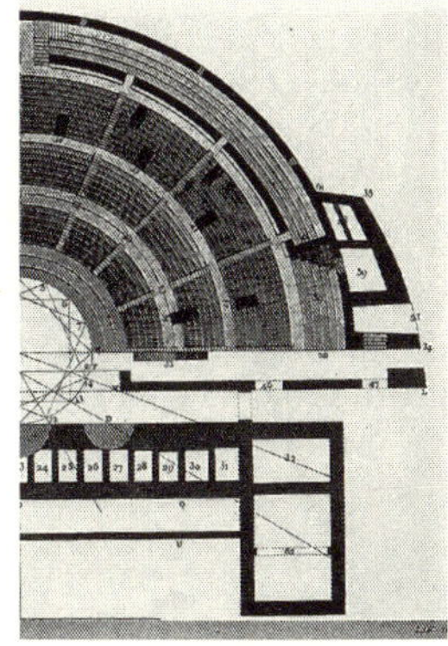
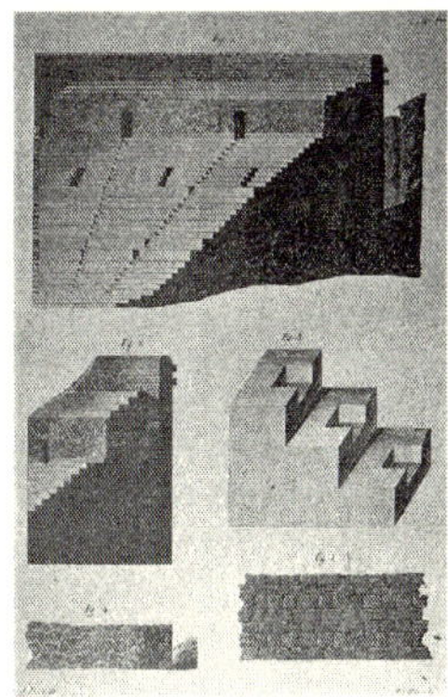

J. Ortiz, Teatro romano de Sagunto, 1807

del teatro romano, el elemento que define su arquitectura es el medio para lograr el reconocimiento esencial del edificio y por tanto su lectura.

El espacio de un teatro romano es el resultado de la fusión de la cávea y el *scaenae frons*, partes que lo definen canónicamente. En su restitución la arqueología no ha de quedar ajena a la comprensión racional del objeto arquitectónico; su valor documental ha de convertirse en texto capaz de ser leído y disfrutado por alguien más que los expertos, conscientes de que toda lectura desde el presente, hecha por arqueólogos y arquitectos es una útil y apasionante colaboración[41].

41 Carmen Aranegui Gascó, *Sagunto: Oppidun, emporio y municipio romano*, Ed. Bellaterra: Barcelona, 2004.

Teatro romano de Aspendos, Turquía

El equipo de arqueólogos dirigido por la Dra. Carmen Aranegui, Catedrática de Arqueología, aporta sus estudios, conclusiones y la modulación del teatro que pone en relación las piezas de que consta y las ausentes, y que permite trazar la pendiente de la cávea, con sus medidas y proporciones, restableciendo la fusión con el *scaenae frons*. En el siglo XIX, los planos de Ortiz ya aportaban datos sustanciales, entre los que se encontraba la máxima altura conocida del teatro con su «cripto pórtico» y las cuatro gradas que lo remataban. De la mano de los profundos estudios arqueológicos se desgrana la temprana romanización saguntina.

Cuando Cesare Brandi instaba a lograr la unidad potencial de la obra de arte, advertía de que «si los elementos desaparecidos han sido en sí obras de arte, hay que excluir en absoluto la posibilidad de que se reconstruyan como copias. El ambiente deberá ser reconstruido en base a los datos espaciales del monumento desaparecido y no a los formales». Y concluía a continuación: «Por ello se debía construir un nuevo *campanile* destruido en San Marcos de Venecia, pero no el campanile; igualmente se debía levantar un nuevo puente en Santa Trinità, pero no el puente de Ammanati»[42].

La restitución del espacio del teatro romano de Sagunto conforme a los datos espaciales se realiza a través de la complementación de los mínimos elementos necesarios que hagan legible la unidad cuerpo escénico-cávea, y por tanto el espacio que definen. Criterio que conlleva la elección de técnicas constructivas que se plantean a partir «de los datos que aporta la fábrica antigua». Y siempre serán reconocibles las partes originales y las rehabilitadas, incluso de las restauradas alegremente, poniendo de manifiesto los avatares del edificio.

Completar con una arquitectura romana, pero actual y esencial los elementos fundamentales para la definición del espacio romano, devolver a las fábricas del pasado las características que, sin temor a errar, le son propias, es el único camino, en el caso de Sagunto y a nuestro entender, para recuperar los valores de escala y proporción que permitan percibir al edificio con sus características originales.

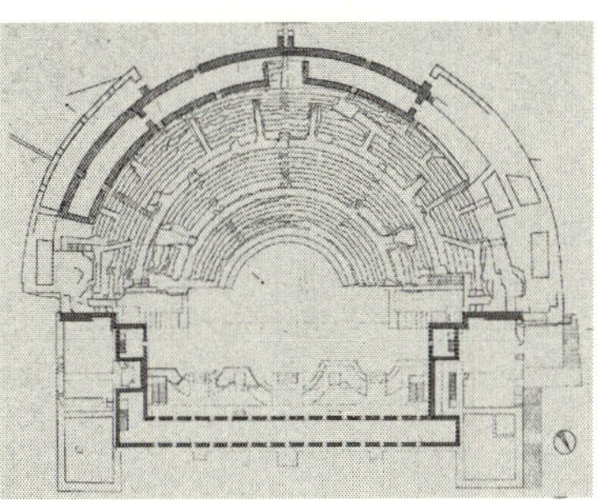

Teatro romano de Sagunto. Sección por el criptopórtico reconstruido en 1970

Cuando el rotundo escenario cierra su espacio y el cielo vuelve a

42 Cesare Brandi, *Teoría de la restauración*, Ed. Alianza Forma: Madrid, 1998, p. 80.

Teatro romano de Sagunto, Sección de proyecto

ser su techo primordial, todas las piezas del monumento se ponen en relación y el espacio manifiesta su grandiosidad y actores y público en tensión celebran el espectáculo que tiene lugar.

► *El uso teatral*

Restituir el espacio del teatro romano de Sagunto tiene como natural consecuencia la recuperación del uso teatral. Definida así su arquitectura, las distintas partes de que consta se han puesto en relación, juegan entre ellas armónicamente como es el caso del módulo que formaliza las gradas de la cávea y que tiene su recíproco en el escenario. La *imma,* la media y la *summa cavea* establecen los órdenes de la escena, o viceversa y de alguna manera se ha querido mostrar presentando *in situ* los órdenes, reconstruidos por los arqueólogos, a partir de los restos hallados al excavar el foso de la escena tras el *pulpitum*.

Teatro romano de Aspendos, Turquía.
Scaenae frons (ilustración)

De la magnificencia del *scaenae frons*, esta inmensa fachada palaciega puerta de ciudad, retablo, que era la escena romana, aporta suficientes datos en planta para su trazado pero mantiene la incógnita del cuerpo superior. Los muros de las «substrucciones», así como los restos que sobre ellos emergían de la *valva Regia* y la *valva Hospitalium* Este, permiten a los arqueólogos trazar y situar la curvatura de éstas y la ubicación de las puertas *Regia* y *Hospitaliae*.

Si el nivel inferior de la escena romana es un elemento útil para el desarrollo de la función teatral, los niveles superiores se convierten en elemento necesario para la comprensión de esta escena fija cuya funcionalidad, no sólo la utilitaria, se escapa a nuestra mentalidad y a las posibilidades figurativas de la arquitectura de hoy.

TRS. Hipótesis arqueólogos

La resolución del nivel superior se planteó a nivel de evocación. El *antiquarium* propuesto en el proyecto, parcialmente ejecutado y progresivamente desmontado, era, y puede seguir siéndolo, el elemen-

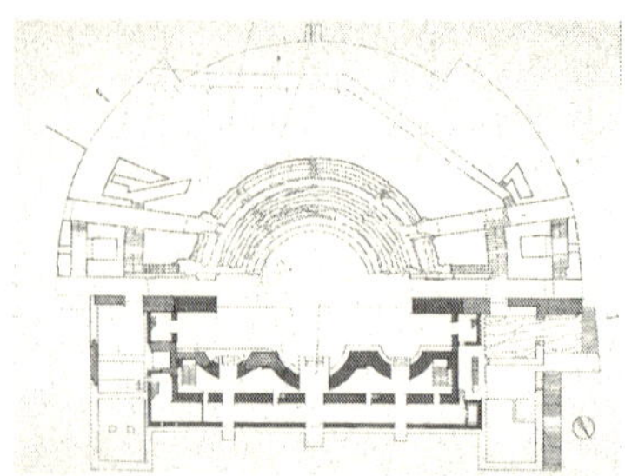

Teatro romano de Sagunto. Elementos complementados para la restitución

to evocador de «aquella espléndida pared de fábula», densamente historiada del *frons scaenae* romano que estamos habituados a ver reproducida en los viejos libros de historia del arte.

El emotivo descubrimiento de los capiteles, fustes, fragmentos de cornisas, fruto de las excavaciones realizadas en el foso del escenario, nos brindaron, por vez primera, elementos de la escena romana hasta ahora solamente intuidos por estudios e hipótesis sobre el teatro de Sagunto y otros teatros romanos. Su restitución en el frente escénico, aun testimoniando el esplendor de la ruina, presencia e imposibilidad de ser de nuevo el antiguo *frons* del teatro romano de Sagunto, corroboran el orden, la medida, la proporción del frente escénico y su relación jerárquica con los niveles de la cávea.

Teatro romano de Sagunto. Capiteles hallados

El equipo de arqueólogos puso a nuestra disposición, medidas, módulos, sección de la cávea...que hicimos legibles arquitectónicamente.

TRS. Escenario desde la cávea

De este modo, el visitante, el espectador, puede percibir la armonía, la relación entre las partes, y apurando su sensibilidad, sentir el diálogo entre la escena y el graderío, entre actores, coro y público y puede intuir la experiencia entre festiva y religiosa del teatro romano. La que experimentaban los ciudadanos saguntinos hace dos mil años.

► *El rol urbano*

La ruina, a punto de desaparecer como arquitectura, había perdido su posibilidad de mantener las relaciones arquitectónicas entre las partes de la ciudad histórica. La restitución de su espacio característico logra, no sólo hacerlo legible y el poder entender algo de aquella magnificencia, sino que además recupera su rol urbano.

Aquella «fachada palaciega» que observó en la ladera de la montaña de Murviedro el historiador andalusí Áhmad ibn Muhámmad al Razi, en el siglo IX, cobra su sentido insertándose en el interior del espacio restituido.

El teatro recupera su protagonismo dos mil años después articulando las relaciones espaciales entre el foro, sito en el castillo, y la ciudad consolidada montaña abajo. Ese edificio civil, de potente y majestuosa volumetria restablece

Teatro romano de Sagunto. Rol urbano (1 y 2)

los datos espaciales de la Ciudad Antigua. Y los de la actual Sagunto.

La restitución del espacio característico del teatro romano resultado de la fusión de su cávea y el *scaenae frons*, además de hacerlo inteligible, de alcanzar su especificidad arquitectónica originaria logra algo trascendente como es la recuperación del rol urbano.

La falsa ruina desfigurada, a punto de fundirse con el entorno, ya no podía protagonizar su papel de fulcro articulador. Restituido su espacio característico y por tanto su volumen vuelve a jugar su papel, no solo a escala urbana, sino también territorial. Un edificio público, el teatro, de la *polis* romana, que celebraba y donde se reflejaban los logros de una cultura de un pueblo, de una civilización.

¿Cuántos teatros romanos están en análogas condiciones? ¿Cuántos en grado de restituir, como sucede en Sagunto, unas relacions espaciales establecidas hace más

TRS. P. Acuña (Dra. Gral. Museos), Tomás Llorens (Dtor.Gral. Patrimonio Val.), Felipe Garín (Dtor. Museo del Prado) y Portaceli

TRS. Los arquitectos Grassi, Estellés y Portaceli

de dos mil años? Con los datos de que disponemos solo uno: el Teatro Romano de Sagunto.

El Teatro Romano de Sagunto

EL ALFA ROMEO DE EMILIO

Cuando conocí a Emilio Giménez conducía un Alfa Romeo, de cuidado diseño y conducción alegre. Por supuesto los gustos de Emilio por el diseño eran tan refinados como el coche que conducía y era parejo, o consecuencia, de su interés por la arquitectura italiana que renovaba el panorama mundial frente a otros movimientos innovadores. El Alfa Romeo era un signo y los diletantes semióticos sabemos que todo signo posee su significante, pero, más importante, su significado.

Que, en 1970, en el viaje final de carrera visitáramos los interiores de las tiendas Knoll en Nueva York y Chicago y, quizás, en Boston de la prestigiosa arquitecta milanesa Gae Aulenti, constataba el triunfo y la difusión de la arquitectura y el diseño italiano en aquellos años. Y Emilio lo había seguido en las publicaciones del momento. No solo en las revistas italianas *Domus* y *Casabella* sino también en las del resto de Europa y América.

El acercarse a la obra de un maestro proporciona un repertorio de sugerencias que alumbra la particularidad del momento. La riqueza que encierra permite extraer lecciones que iluminan la amplia gama de preguntas que surgen al examinarla. Dicha aproximación ofrece una capacidad de respuestas que abarca la complejidad que supone la construcción de un lugar respondiendo a unos requerimientos.

Estudiar la obra de un maestro por su actitud rigurosa en el trabajo supone una sana y exigente actitud diacrónica. No es de lo coetáneo, del producto del momento de lo que se aprende. No tenemos distancia para ello, ni capacidad de perspectiva para calibrar su trascendencia. Lo válido, lo imperecedero, lo intemporal permanece en el hacer del maestro y en cada momento de nuestras reflexiones emerge para indicar el camino que recorre para alcanzar la respuesta a los problemas proyectuales que tanto admiramos en su obra.

Quiero poner la lupa en este emerger por lo que, entiendo, tiene de formativo para el que intenta introducirse en el complejo mundo de la arquitectura. Intentar captar la actitud previa que da lugar al criterio que nos permite acercarnos con solvencia a los temas que plantea la disciplina arquitectónica. Y es desde este punto de partida, de donde quiero entresacar los parámetros, que, a mi parecer, manifiestan la forma de hacer de Emilio Giménez en su acción de proyectar.

DE LA CURIOSIDAD Y DEL ASOMBRO

Emilio Giménez (Valencia, 1932-2014) estaba dotado de una incansable curiosidad y, a pesar de su aparente desdén crítico, de una inmarcesible capacidad para el asombro. Condiciones que los filósofos griegos consideraban indispensables para la formación del individuo, pues de ahí nace el sentimiento artístico y filosófico.

Su curiosidad se reflejaba en su afición por la lectura que iba desde los clásicos de la literatura universal, que siempre proporcionan nuevas sugerencias, hasta las nuevas aportaciones de la narrativa contemporánea. Y por supuesto la historiografía y la crítica arquitectónica. Las revistas especializadas le surtían la información de lo que en ese momento se estaba produciendo. Siempre te mostraba algo interesante, bien del último *Architectural Design* o de la italiana *Casabella*. Los viajes también podrían comparecer redondeando la formación-información. Tantos de ellos realizados para visitar obras concretas que nos interesaban en determinado momento.

Por supuesto, conocer la actualidad de la producción arquitectónica no sólo la aportación formal sino su razón de ser era una acción inevitable e irrenunciable en la actitud de Emilio Giménez. Y a este apartado se acercaba siempre con curiosidad y con una juvenil capacidad de asombro.

Podríamos hablar del mismo interés que descubrimos en su pasión por el cine, la pintura, el diseño… En fin, todo un conjunto de intereses que están detrás de una completa formación del arquitecto.

DE LA SENSIBILIDAD

Y sabía que, en arquitectura, para la comprensión del momento presente se necesita un bagaje que nos es indispensable para acercarnos a él: el conocimiento y comprensión de todo el caudal que la arquitectura ha desarrollado a lo largo de los siglos. Y lo practicaba con una exigente actitud selectiva.

DE LA FORMACIÓN A LA INFORMACIÓN

Emilio Giménez no «creaba» *ex novo*. No existe la creación *ex novo*. Como bien saben mis estudiantes, este verbo difícil se lo dejamos al hacedor. De su curiosidad insaciable tiene que surgir la necesidad de información.

Al proyecto se enfrenta –desde el bagaje enunciado– con la necesidad de la información. La acción del proyectar se produce en un contexto que ofrece una serie variopinta de planteamientos, formas, ideas de las que extrae aquellas más acordes y que su cultivada sensibilidad hace suyas, reelaborándolas en el proyecto y volviéndose nuevas.

Pensemos en dos ejemplos, dos viviendas unifamiliares: la Casa-Estudio del escultor Andreu Alfaro y la casa Viridiana. La primera resume el interés del autor por la producción italiana: Albini, Gardella, Gregotti podrían comparecer aquí perfectamente, huele a Italia, el *Zeitgeist* de aquel momento..., pero en realidada la propuesta, a través de la síntesis, es de Emilio Giménez.

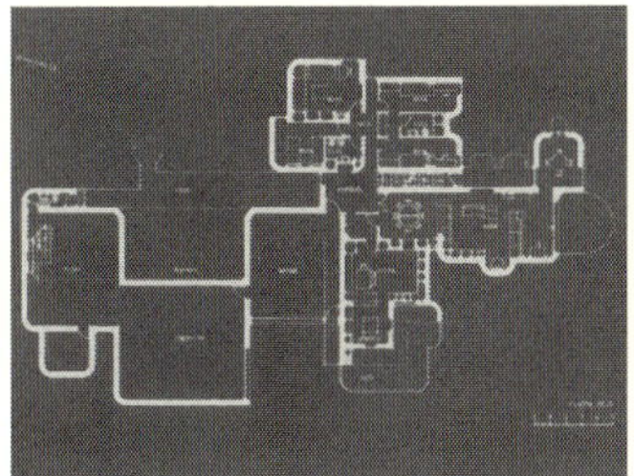

E. Giménez, Planta y vista exterior de la casa Alfaro

Por supuesto que el «espíritu del tiempo», por definición, evoluciona. Y allá en aquellos años 70, el devenir arquitectónico proporciona nuevas lecturas de lo «moderno» que ofrecen, por ejemplo, los «Five»[43] y que alumbran la Casa Viridiana a despecho de sugerentes actitudes que se dan simultáneamente en el campo arquitectónico. Nueva síntesis de Emilio Giménez: las circulaciones, subrayadas por atractivos «toldos» de metacrilato enlazan los rotundos volúmenes que integran la vivienda.

E. Giménez, Interior

Hay que tener en cuenta que ambas viviendas parten de la plan-

43 Arthur Drexler, *Five Architects. Eisenman, Graves, Gwathmey, Hejduk y Meier*, Oxford University Press: Nueva York, 1975.

E. Giménez, *Casa Viridiana*, Valencia

ta. No se pierde el rastro de su maestro José Antonio Coderch, quien resolvía el proyecto, en un 90%, en la planta.

No es desdeñable recordar la importancia del valor de la iconografía como la llamaban los antiguos (de *ichnos*: la impronta de la planta del pie) que no quita relevancia a los elementos que integran un proyecto, pero que en la planta ya se intuye la capacidad generadora de los espacios que articulan la respuesta. Y Emilio era también conocedor de lo que decía Quatremère de Quincy al respecto de «la simplicidad de la planta que forma la simplicidad del alzado y que de lo simple nace siempre lo grande».

Curiosidad, capacidad de asombro, cultivo de una sensibilidad. El valor de la información y un homenaje a la olvidada planta son elementos extraídos conformadores de una arquitectura, la de Emilio Giménez, que nos enriquece y nos impulsa a seguir por tan apasionante sendero guarecido por la alargada sombra de Italia.

INICIOS REVISITADOS

El comienzo de mi actividad arquitectónica a principios de la década de los setenta supone intentar alcanzar una respuesta individual a la situación que vive la arquitectura desde la crisis del Movimiento Moderno en los años 50, que en las décadas posteriores dará lugar a un largo proceso de autorreflexión teórica y a una multiplicidad de enfoques y respuestas.

El tiempo necesario para «olvidar» en el sentido «gardelliano»[44], las conclusiones extraídas de tan compleja situación justifican el que las obras que expondré a continuación nazcan a finales de la década y se adentren en la siguiente, en un intento de plasmar las inquietudes que informan mi producción arquitectónica, siempre en evolución, no sé si más aparente que real, a la búsqueda de la respuesta adecuada a las exigencias de la sociedad que la demanda.

44 Antonio Monestiroli, *op. cit.*, Laterza: Bari, 1997, p. 54.

A LA BÚSQUEDA DE LA IDENTIDAD PERDIDA

A partir de 1950, el Movimiento Moderno se ha manifestado como cómplice de las fuerzas mitificadoras de la sociedad, convertido en un estereotipo que no hace más que alimentar la banalidad de la Arquitectura que se estaba produciendo, a la vez que constataba su fracaso en la construcción de la ciudad. El proceso de esclarecimiento de la identidad de la Arquitectura, la discusión y autorreflexión para su formulación cívica y política da origen a una pluralidad de respuestas frente al monolitismo teórico anterior.

En la búsqueda del origen de los «ideales» de la Arquitectura Moderna, es fundamental la revisión historiográfica. Frente a la lectura de Giedion, de Zevi, «de los pioneros» de Pevsner, la búsqueda de la verdadera identidad de la Tradición Moderna conduce a investigar personajes y etapas anteriores al Periodo Heroico de la Modernidad. Así se recuperan figuras como Adolf Loos (recordemos el amplio estudio que Aldo Rossi le dedicó en *Casabella*), Perret, Behrens, Hoffmann, etc.

En *Orígenes de la Arquitectura y el Diseño Modernos*, (1968), N. Pevsner sensible a la búsqueda de unas raíces, de una nueva lectura a partir de la cual renovar la alicaída disciplina, sitúa el nacimiento de la modernidad en el *Arts and Crafts* y en las diferentes manifestaciones modernistas. Henry Rusell Hitchcock, que en 1932 había lanzado con Philip Johnson *El Estilo Internacional*, en *Arquitectura de los Siglos XIX y XX*, introduce capítulos que otorgan mayor complejidad a la visión escueta de los hitos del Movimiento Moderno.

En esta revisión disciplinar es clave localizar el origen de la Arquitectura Moderna. Los trabajos de Kaufmann dan lugar a un desarrollo de los estudios de la Arquitectura del Siglo XVIII y su lectura por Louis Kahn establecerá una concreta línea de renovación. Para M. Tafuri, la Arquitectura Moderna nacería de la impostación de sus parámetros en el Siglo de las Luces, en la Ilustración.

Las aportaciones historiográficas de la revista *Casabella* se entroncan en el análisis general de la Arquitectura y su replanteo. Los escritos de E. N. Rogers ponen sobre el panel de datos el papel de la historia, disciplina borrada de la docencia del Movimiento Moderno, en la construcción de la ciudad y la necesidad de que los edificios que se construyen estén en relación con ella, «el arquitecto no puede dejar de sentir que la propia responsabilidad hacía sus obras no concluye con un diseño correcto, si éste no contiene implícitas las relaciones de la obra con las preexistencias ambientales entre las cuales deberá insertarse».

En la acción de proyectar en la ciudad, Rogers abunda en la necesaria condición de continuidad ya que «no es concebible una realidad que no sea producto de un desarrollo histórico» insistiendo, posteriormente, en la necesidad de que las reglamentaciones, las leyes, etc., serán eficaces sólo «si tienden a establecer la continuidad entre el pasado y el presente».

El esclarecimiento de los parámetros de la Arquitectura del que es fundamental el ser portadora de valores colectivos desembocará en la potente reflexión del Neo-racionalismo italiano que, de la mano de Rossi, Grassi y otros impostarán estas reflexiones alrededor de un ordenado análisis de los factores que inciden en la Arquitectura, siendo relevante el papel de la Arquitectura de la Ilustración como sistematizadora de los primeros problemas de la ciudad y la definición de sus tipos. Junto a estos estudios hay que citar otros factores que inciden en el debate del momento, me refiero al valor de la percepción y el interés por la comunicación; en la opción lingüística que se observa en la búsqueda de una producción, desde el sujeto, de experiencias perceptivas elementales, capaces de generar significados a través de las emociones. Los trabajos de Umberto Eco en lingüística o Sven Hesselgren en el campo de la percepción son textos de referencia en aquellos momentos, para lograr una arquitectura, como decía I. Gardella, «conjunto de elementos que deben comunicar, que deben provocar una emoción».

Todo ello desde una actitud de resistencia, utilizando el concepto desarrollado por Kenneth Frampton en su regionalismo crítico, capaz de distinguirse de la cultura sometida a los mecanismos de consumo.

LAS OBRAS

El periodo que va de 1975 a 1989, recoge un conjunto de obras cuyo análisis permite entender una manera de elaborar un proyecto de arquitectura. Dicho conjunto abarca desde viviendas unifamiliares, como las casas en Rocafort, Xiva y Picassent o la Escuela Gavina de Picanya[45], edificios urbanos, como las viviendas en Tabernes Blanques y Enguera[46] o los primeros trabajos en edificios históricos donde junto a los problemas de inserción en la ciudad se añade el estudio y análisis previo del edificio objeto de intervención. El periodo se cierra con las inauguraciones de 1989 del Palacio del Marqués de Campo[47], como Museo de la Ciudad y de la primera fase de la ampliación del Museo de Bellas Artes, San Pío V[48].

Un edificio se inserta en un lugar resolviendo un programa. El programa es el objeto práctico al que debe dar respuesta el proyecto, estudiándolo, modificándolo incluso y constituyendo un respuesta formal que se debe introducir en el lugar.

Programa, lugar, hecho constructivo, su historia y evolución, son los mimbres con los que construiremos el proceso proyectivo

EL PROGRAMA Y LOS USOS DEL EDIFICIO

El análisis de las necesidades y su articulación lógica es una respuesta necesaria a la utilidad del edificio. El énfasis en di-

45 Proyecto realizado en colaboración con el arquitecto Joaquín Gregorio.
46 Proyecto realizado en colaboración con el arquitecto José M.ª Herrera.
47 Dirigido en colaboración con el arquitecto Juan José Estellés.
48 Proyecto realizado en colaboración con el arquitecto Álvaro Gómez-Ferrer.

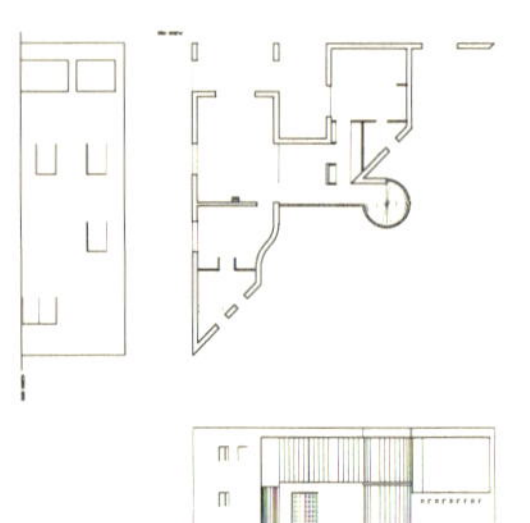

Casa García Gomis, plano y exterior, Xiva.
Foto Rafael de Luis y Victoria García

cha articulación, para apoyar una secuencia de volúmenes en el desarrollo por elementos de un proyecto, como en el caso del hoy Museo de Bellas Artes de Valencia, antes de San Pío V o la limitación a un volumen elemental en temas pequeña dimensión, como las viviendas unifamiliares, son los extremos entre los que la lectura de usos se delimita.

En viviendas unifamiliares como la casa García Gomis y la casa del Dr. Portaceli, la ordenación de usos apoyados en secuencias espaciales son los que dan lugar a la vivienda. En el caso de la primera, el vestíbulo de acceso ordena visual y espacialmente el conjunto de funciones. Este espacio en su dilatación a

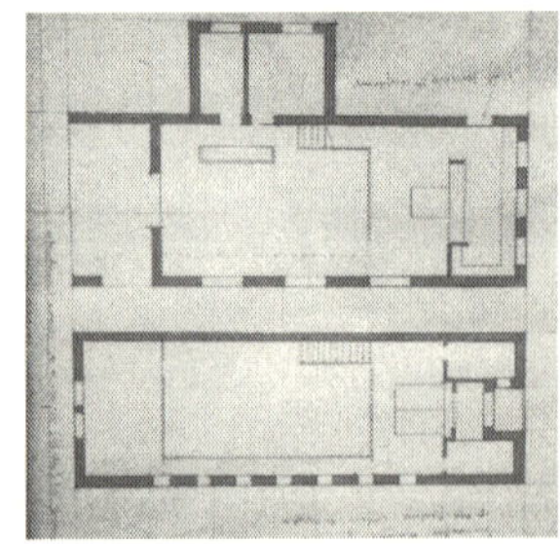

García Gomis, Plantas

Casa Dr. Portaceli,
vista posterior
y plano de planta primera

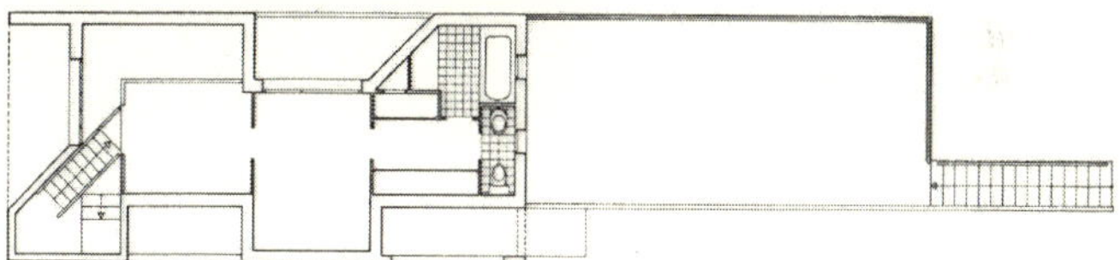

doble altura conecta las zonas de día a la vez que indica la ubicación del resto. Otras relaciones espaciales vinculan usos secundarios que apoyan el desarrollo y el recorrido del conjunto de elementos que definen una vivienda.

Por el contrario, es el espacio central único el que articula los diferentes usos de la Casa Pepe Picó.

En la Escola Gavina, el espacio principal, el espacio de usos múltiples, a la manera de una plaza, ordena el resto de las funciones alrededor del mismo según la orientación e interconexiones definidas en el programa.

En la ampliación y rehabilitación del Museo de Bellas Artes desde los primeros bocetos, el vestíbulo, el espacio de acogida, se convertirá en el centro estructurador de las diver-

Casa Pepe Picó, Picassent

sas necesidades. El espacio proporcionado por el recinto recuperado de la iglesia demolida ordena las complejas funciones públicas a través de dos ejes ortogonales. El principal, da acceso a las salas de la exposición permanente del museo y el transversal, perpendicular a aquel, pone en relación el viejo claustro, convertido en Antiquarium de restos arquitectónicos, con el nuevo patio, que se propuso para escultura que articula los nuevos requerimientos de salas de exposición temporal, salón de actos y bar, ubicados en el bloque de Pinyó (s. XVIII).

La claridad en la ordenación de funciones se entiende como valor primordial, su apoyo en las secuencias espaciales está ligado a una idea de la arquitectura que, junto a los otros factores y disciplinas, dará lugar a la obra construida.

RELACIÓN CON EL LUGAR

Con el riesgo que conlleva toda simplificación podemos distinguir entre lugar geográfico y lugar histórico. En el primer caso se hallarían las viviendas unifamiliares y la Escola Gavina. Ubicadas en parcelas de urbanizaciones las primeras se vinculan al espacio exterior a través de ejes que atraviesan la vivienda y enlazan con el jardín, como se observa en los accesos de las casas Picó y García Gomis, o el caso extremo de la casa del Dr. Portaceli, donde la longitudinalidad del terreno establece un sistema de ejes en el mismo sentido que sirven de hilo conductor de sus recorridos interiores, mientras, en paralelo, se relacionan con los espacios exteriores. Las dilataciones espaciales del interior provocan conexiones visuales a doble altura con el exterior.

En la Escola Gavina, en aquel momento lejana de la población de Picanya y en medio de campos de naranjos salpicados de los volúmenes simples de las alquerías, un volumen cúbico, con un potente espacio central que se articula con el exterior a

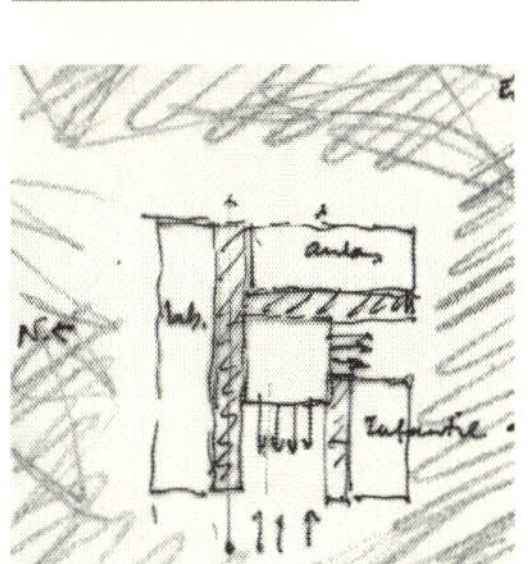

Escuela Gavina: la plaza y los satélites

través de elementos intermedios que a modo de porches introducen una gradación a la vez que propician zonas de juegos o de reunión más protegidas.

El contexto histórico aparece en temas urbanos. Los edificios de Enguera o Tabernes Blanques, responden de diferente forma al problema de inserción en un ambiente existente. En Enguera el edificio preside la plaza principal de la población. Sustituyendo a unos edificios demolidos previamente, intenta impregnarse de los caracteres formales del conjunto que define la plaza, para entrar en dialogo con ella. Se trata de la clásica ordenación académica basada en la organización de la fachada en tres partes: basamento, zona intermedia, ático y cornisa. En la propuesta, la planta baja tratada como zócalo pétreo, donde se ubica la entidad bancaria promotora del edificio, un espacio intermedio de dos plantas de altura, con fenestración ritmada sobre el enfoscado de fondo y un ático formado por dos plantas retranqueadas que dejan exentos los pilares de la estructura. La losa de la cubierta hace de cornisa de remate.

Museo de BBAA, 2.ª propuesta

El contexto de Tabernes Blanques es totalmente diferente, convertida esta población en un suburbio de la ciudad de Valencia con su estructura originaria absolutamente deformada por unas ordenanzas que permiten una densificación y una construcción de edificios totalmente ajenos a la estructura histórica de la población. Frente a ese mecanismo de mera especulación edilicia con edificios sin ninguna dignidad, la propuesta se cierra en sí misma, da la espalda al lugar donde se va a llevar a cabo y se plantea como un elemento blanco horadado por unos huecos rectangulares prácticamente iguales entre sí que se rompe en la parte inferior, en esquina, a doble altura, subrayando la accesibilidad a la planta baja, *leit motiv* del promotor, mediante un pilar cilíndrico de acero de dos plantas de altura. El tratamiento de la fachada recoge una tradición extendida entonces en los pueblos de la comarca: el alicatado; en este caso con azulejo blanco brillante. Esta propuesta, fue rechazada por el cliente y se proyectó en su lugar un edificio de fachada de ladrillo visto y con huecos que ritman el conjunto de la fachada

RELACIÓN CON LA HISTORIA DE LA CIUDAD

Para ilustrar este apartado, me referiré al proceso de proyectación de la rehabilitación y ampliación del Museo de Bellas Artes.

La arquitectura de la ciudad aparece en diversos apartados a lo largo de su desarrollo. En primer lugar, el papel del edificio en la definición de la imagen histórica de la ciudad reflejado en multitud de grabados e ilustraciones. El objetivo de recuperar dicha imagen se plantea a partir de la restitución del espacio de la antigua iglesia octogonal, demolida en 1924.

BBAA, 1989 (arriba.)
y recuperación, 1993 (izda.)

La silueta de la cúpula reconstruida devuelve al paisaje urbano su imagen perdida, convirtiéndose a su vez, como se ha indicado anteriormente, en el núcleo de desarrollo del nuevo museo. El poeta Carlos Marzal captó el concepto: como si siempre hubiera estado ahí, dijo en un artículo sobre la arquitectura de la ciudad, pero es la imagen, el resultado de la recuperación del espacio, en su volumetría como aconsejaba el maestro Cesare Brandi durante años director del Istituto Italiano del Restauro lo que hay que restituir: Se debe restituir con arreglo a sus valores espaciales no llevar a cabo una innoble copia.

En la primera parte de la ampliación el diálogo con la ciudad vuelve a aparecer en la búsqueda de referentes que sirvan de apoyo al desarrollo del proyecto y que liguen la memoria del ciudadano a formas, imágenes que en la ciudad ya se han producido y que resultan ser útiles para la resolución de algunos apartados.

Referente BBAA. La iglesia de nueva planta

Me refiero concretamente a la austeridad volumétrica de las iglesias de «nueva planta», San Andrés, San Esteban, San Martín, etc., definida por la masa muraria desnuda, potente, de la que emergen los contrafuertes entre los cuales se definen las capillas. Concepto que observamos también en los primeros estudios del museo.

Más adelante en el caso de la sede de las Cortes Valencianas, proyecto y obra realizados junto con Carlos Salvadores, la relación con la ciudad se producirá como valor simbólico, como puesta en dialogo del poder civil recuperado, en este caso el hemiciclo, núcleo del nuevo proyecto, con los poderes históricos de la ciudad, el cimborrio de la Catedral, la cúpula de la Virgen o las torres del Palau de la Generalitat.

CONOCER EL EDIFICIO

De la lectura de la historia, del hecho físico del edificio, de los avatares sufridos y sus características arquitectónicas se extraerán los objetivos a alcanzar en el proyecto. Así en el caso del edificio de las Atarazanas, el valor espacial, la secuencia que ofrecen la sucesión de arcos diafragma que definen las cinco naves separadas por arcos transversales se convierte en el objetivo principal del proyecto. Para ello la eliminación de todos los elementos añadidos que lo fragmentan, lo distorsionan, lo destruyen es un punto de partida, a mi entender ineludible. Incluso la reconstrucción a la manera tradicional de los dos arcos destruidos en anteriores reconversiones se lleva a cabo supeditándolo al valor del espacio en la búsqueda de la unidad potencial lograda tras la puesta en relación de los elementos arquitectónicos, ocultos o desfigurados hasta el momento de la intervención. Por supuesto que el atento observador reparará en que los arcos reconstruidos, con los mismos medios técnicos con los que se habían construido el resto manifiestan la actualidad de su construcción.

Atarazanas de Valencia, espacio interior. Foto Pepa Balaguer

Los imponentes arcos diafragma medievales de ladrillo de arcilla hecho a mano de 30x15x3 cm se ponen en obra con un mortero menos resistente de 5 cm de llaga, *perdigoná de moro*, se denominaba así porque contenía variedad de guijarros.

De la lectura del antiguo convento de San Pío V extraemos diversas conclusiones útiles al proyecto. El conjunto resultado de la secuencia de un volumen claustral, organización del convento alrededor del patio central, el volumen octogonal, de la antigua iglesia y el edificio lineal que da frente al río. Observamos una composición producto de una suma de elementos. La ampliación se plantea también en sentido aditivo. Las diversas partes se van estructurando a partir de los ejes principales en volúmenes cuyas dimensiones son proporcionales a las existentes en el edificio original sin rebasar las alturas establecidas por el monumento.

En el caso del Palacio de Berbedel, hoy Museo del Marqués de Campo o Museo de la Ciudad se destaca la intervención en el siglo XIX del Maestro Ferrando, quien trabajando para el prototípico emprendedor D. José Campo, más tarde ennoblecido por el rey como Marqués de Campo, convierte el palacio del siglo anterior con planta en forma de «U», en un edificio con patio central al añadirle el cuerpo frontal que define hoy su fachada.

El nuevo tipo edilicio, brinda para el nuevo uso que se propone un claro recorrido museístico a través de sus salas ordenadas alrededor del patio. Facilitar la lectura de las diversas partes del edificio haciendo hincapié en la nueva tipología pone en funcionamiento los usos museísticos que se proponen aceptando la intervención decimonónica, convirtiéndose así en el palacio que hoy conocemos, susceptible de una ampliación lógica que no altera la lectura de los caracteres fundamentales del original y su evolución histórica.

HISTORIA COMO FUENTE

Por la Historia de la Arquitectura conocemos las respuestas que este arte útil a dado a los diferentes problemas que se le han planteado lo que nos permite orientarnos en la resolución de los que hoy en día se nos plantean, por supuesto no para imitarlos sino para aprender la manera de adentrarse en ellos, un recurso utilizado en mis proyectos.

En las nuevas salas de exposiciones temporales del Museo de Bellas Artes la elección de las galerías con luz cenital abovedadas, es una solución adoptada históricamente y cuyo valor actual se confirma en su reutilización en la magnífica propuesta de James Stirling en Stuttgart, en la ampliación de la National Gallery de Londres, realizada por Robert Venturi, o, en un caso más cercano a nosotros en el Museo Nacional Thyssen-Bornemisza de Madrid obra de Rafael Moneo. Galerías largas, galerías cortas, rotondas, salas, son elementos que definen los primeros museos, desde su origen de las colecciones particulares a su sistematización como tales en el siglo XIX, son los elementos históricos que sirven de base para albergar los fondos del museo.

En el Museo de la Ciudad de Valencia, desde la realidad física del edificio del que se parte, de su definición tipológica se ordenan las salas de exposición en un recorrido circular alrededor del patio. La Planta Noble, la única no alterada básicamente, reúne salones que, aún en estado casi ruinoso algunos de ellos, muestran diferentes estilos según el gusto ecléctico del momento. Para recuperar y subrayar los distintos caracteres de cada sala me apoyo en el uso del color con el que pretendo adjetivar ese recorrido. Desde el descubrimiento de Pompeya y Herculano, hermosos palacios, ingleses fundamentalmente, han usado el color para dar carácter a sus espacios. Particularmente impactante a nivel personal fue el descubrimiento a principios de los 70 de la obra de Sir John Soane. Desde las caballerizas del hospital en Londres a su casa de Lincoln Inn´s Field, donde el uso del color cualifica las distintas dependencias. Pero años antes, y perdonen el factor personal, el Museo de Faaborg[49] en Dinamarca o el delicioso Museo Thorvaldsen[50] en Copenhague me mostraban ese subrayar la secuencia y el recorrido por sus salas mediante el uso desprejuiciado de potentes colores que enriquecían la contemplación de las piezas, en contra de lo que se aceptaba usualmente, a saber: que los colores neutros en los museos eran los que favorecían la exposición y contemplación de las obras de arte.

Si esto podría ser cierto en obras en las que el valor del color por sí mismo es básico (Kandinsky, Malevitch, Rothko) no ocurre así con el resto de la pintura que con un fondo más caracterizado ven potenciado el juego de sus formas y colores, la relación del dibujo con el color, con la composición, etc.

49 Carl Petersen, Museo Faaborg / Faaborg, Dinamarca, 1913-1915.
50 Diseñado por Michael Gottlieb Bindesboll; tras diez años de obras, el museo fue inaugurado el 18 de septiembre de 1848.

RESUMEN

Hasta aquí unos apartados que no son sino fragmentos de un comportamiento proyectual. Si el proyecto de arquitectura requiere libertad de reflexión y de expresión, las condiciones que establece cada problema son el material insustituible que analizado se plasmará a través del proyecto.

Entre las condiciones, el contexto, la historia, la tradición, se manifiesta siempre como material indirecto para la afirmación de una arquitectura del lugar, que trata de expresarse dentro de una austeridad formal. Elementalidad en el sentido de ofrecer una lectura clara de la lógica de sus conexiones, de la relación entre las partes. Que alberga en su interior unos juegos espaciales, unas tensiones, que en ocasiones rompen la figura básica que lo envuelve.

Elementos macizos, cerrados, silenciosos, frente a la algarabía del espectáculo, con la humilde intención de restituir una forma noble de la memoria.

UNA FORMA DE VER EL DISEÑO

«No tengas nada en tu casa que no sepas que es útil
o que no consideres bello»

WILLIAM MORRIS

El diseño de objetos surge de la necesidad de «mejorar al hombre y a su entorno», como decía Patrick Geddes. Hablamos pues de objetos y también de sujetos.

Si hablamos de objetos que embellecen y hacen más enriquecedor nuestro entorno hay que distinguir entre un objeto de arte y un objeto de diseño. La contemplación del objeto de arte que se habrá integrado en nuestro interior y enriquece nuestra mente y los sentidos a través de lo que hemos reconocido como objeto de arte. El objeto «diseñado» nos resuelve en primer lugar un problema funcional, la armonía de sus líneas, la forma en que «funciona» también es bella, porque su belleza está unida inequívocamente a la utilidad.

Una pintura realiza una función distinta a la de una cuchara, pero la forma de ésta también es un fenómeno de cultura. La cuchara, entre otros objetos cotidianos pertenecería, a lo sumo, a la artesanía, si no entraba en el campo de las artes menores.

La vieja distinción entre artes mayores y menores cayó estrepitosamente con las reflexiones que los socialistas decimonónicos ingleses plantearon ante el berrinche que les supuso la contemplación de la irracionalidad que suponía aquellos terribles objetos de uso cotidiano, fabricados industrialmente y exhibidos en la primera Exposición Universal de Londres de 1851.

La compleja y luminosa estructura del pabellón diseñado por el jardinero Josef Paxton a tal efecto, cobijaba los productos de todo tipo que en aquel momento se fabricaban industrialmente. Formas y objetos que se habían producido artesanalmente, cumpliendo las más amplias solicitudes demandadas por la sociedad, se reproducían mecánica y toscamente, con brutalidad extrema. Sin análisis alguno que permitiera observar que la forma de trabajar de la máquina no tenía relación alguna con lo producido manualmente y que esa adecuación debería observarse a simple vista ante el objeto obtenido, es decir, que repetían industrialmente formas hasta entonces pensadas y fabricadas a mano, distorsionando la forma de producción y repitiendo groseramente formas basadas en estilos anacrónicos.

Por cierto, a la entrada del magnífico pabellón un expendedor de bebidas ofrecía un refresco a granel a base de quinina a las exhaustos visitantes. El vendedor de esta bebida tonificante era un tal Sr. Schweppes.

La reflexión sobre forma-uso sobre el material indicado, amén de la conocida reacción anti-industrial que esta situación provocó en el grupo de Morris, Ruskin, Web, las Mac. Donald, pone sobre el tapete, junto al binomio artesanía-industria, la cuestión de que el diseño de objetos de uso cotidiano responda a una necesidad y que estén ejecutados con el material más adecuado a su forma y función.

Hermann Muthesius, agregado cultural alemán tomará buena nota de lo sucedido en esta primera Exposición Universal y con tal información pronto Alemania se pondrá a la cabeza en la fabricación industrial de productos de uso cotidiano como aquellos inolvidables objetos, de Peter Behrens para la empresa AEG.

Gaudí, Park Güell, banco que define plaza

Un banco corrido con curvas y contracurvas donde la reunión y/o la soledad son propiciadas en su uso funcional al que se le añade la idea magistral de que a la vez es antepecho, protección de la plaza, del espacio de reunión que se prolonga en el vacío y las exigencias funcionales-estéticas consiguen un resultado esplendoros es lo que muestra Gaudí en el parque Güell.

El hábil Gutierrez Soto, en el conocido Bar Chicote de la Gran Via madrileña, diseña una planta en la que con gran acier-

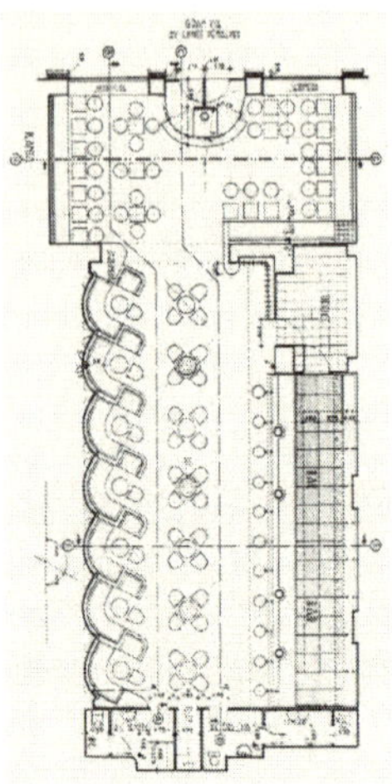
Gutiérrez Soto, planta del bar Chicote, Madrid

to conjuga las necesidades varias del bar con la belleza del momento.

En los años 90 trato de hacer algo similar en el patio de operaciones de un banco valenciano en los bajos y sótano de un magnífico edificio modernista del arquitecto valenciano Peris Ferrando que queda en propuesta.

Con esta ligerísima introducción a modo de breve recuerdo del origen del diseño de objetos, recordaré dos factores que inciden él: en primer lugar, la componente funcional del diseño y, en segundo lugar, al tratarse de un hecho cultural, el momento histórico en que se produce, que se reflejará en su forma, en su fabricación manifestándose así el *zeitgeist* de la época.

Mi experiencia en el diseño de objetos se ha producido como consecuencia de una necesidad concreta. Unos amigos, un edificio o un jardín que lo requiere. Ocurre en ocasio-

M. Portaceli, Patio de operaciones de la Caja de Ahorros de Valencia, Gran Via M. Turia, 6, 1993 (dibujo de J. Masiá)

nes que, en la definición de una estancia proyectada echamos en falta, en el amplísimo mercado actual, que el objeto que necesitamos responda a un problema de utilidad dentro de las concretas exigencias que dicho espacio plantea.

Y entonces intentamos diseñar la respuesta adecuada. De hecho, la producción de objetos para las funciones de la vivienda exhibe una oferta que hace difícil la elección, adoleciendo los objetos de una banalidad aplastante con resabios de aquél *styling* con el que se sobre decora un objeto para favorecer la venta.

Sabemos que diseñar un elemento de uso no es sólo un ejercicio formal sino además mental, pues trata de extraer una idea sobre un objeto que dé respuesta a una función en un determinado lugar-espacio donde se ubica. De hecho, tiene que ser capaz de responder a preguntas tales como: qué quiere proponer/resolver este objeto en este espacio que forma parte de un todo, una vivienda, por ejemplo, que hemos proyectado y construido o simplemente, en un espacio existente, interior o exterior, con sus condicionantes y características propias con los que se tendrá que relacionar.

Así pues, la función (el programa de necesidades) es un primer parámetro en el diseño de objetos. A ello hay que añadir el análisis de esta y así ampliar el campo de opciones a las que responder rompiendo una relación lineal que sería simplificadora.

Son muchas veces matices que permiten un juego más versátil de la forma, entre los que no hay que olvidar una cierta carga de ambigüedad. Una respuesta unívoca, exclusiva y excluyente a una función podría llevarnos a la paradoja de tener la necesidad de centenares de objetos como respuesta cada uno a otras tantas funciones.

M. Portaceli, Banco 'mare nostrum'

El lugar donde se ubica aporta otros condicionantes y empieza a sugerir materiales, textura, colores. La adecuación al mismo matiza y ordena las dimensiones que puede tener el objeto que se estudia. Evidentemente no es lo mismo diseñar una mesa para tomar algo en un espacio abierto al mar que en una vivienda urbana.

Los caracteres de cada lugar «demandan» un tipo de material, de acabado, de color... diferente en cada caso. Y la resolución formal encierra una situación más compleja, porque en ella se reúnen diversos factores objetivos, subjetivos, racionales y sensitivos.

M. Portaceli, Fuente de hormigón y elementos de latón, Xátiva, 1993

La forma supone un salto en el vacío en lo que se refiere a las respuestas objetivas a los condicionantes de uso, a los que establece la técnica implícita que «propone» el material elegido, al que se une el bagaje

Otto Wagner, Vaso

cultural del autor. Todo ello hace que junto a elecciones formales objetivadas afloren intuiciones, empatías que aún no hemos clasificado, pero si almacenado en nuestro subconsciente. Y ahí está el objeto de diseño.

Y como las necesidades humanas no son tan diversas ni tan dispares se podrá generalizar, se podrá fabricar en serie. Incluso llegados a este punto, si el diseño de origen era de un color, madera, textura, etc. adecuado al lugar de ubicación, se libera de esa limitación para poder ampliar su capacidad de respuesta y generalizar su uso. Y seguramente la vida es más bella si en medio de nuestro estrés cotidiano, nuestra vista puede descansar en objetos bellos y adecuados al uso. Estando atentos a que nuestra vida no se convierta en un spot de televisión ante el que también se rasgarían las vestiduras William Morris, Philip Web, Peter Behrens, Mies van der Rohe y un largo etcétera.

Cita Vittorio Gregotti una famosa discusión entre Picasso y Braque en la cual se establece una correspondencia entre ellos acerca de la fabricación de un clavo:

> «*Recuerdo el famoso intercambio de ocurrencias entre Picasso y Braque a propósito de cómo se fabrica un clavo, si con el hierro o con la idea de clavo. El esfuerzo del proyecto moderno consistió en comprender que*

la idea de clavo participa inextricablemente de su ser físico, de la refundación de sus instrumentos y de sus objetivos, y, por lo tanto, que la invención no reside ni únicamente en la forma del clavo, ni únicamente en su materia, sino en su reflexión sobre la esencia misma de su finalidad en la especificidad del caso».[51]

Evidentemente, se pueden establecer como conclusiones que un proyecto de arquitectura debe considerar los aspectos técnico-científicos pues son inequívocamente los medios necesarios para su construcción; sin embargo, el carácter espacial y la sensación estética de la arquitectura se consigue mediante la composición, es decir, la idea de lo que se quiere hacer. La idea de proyecto, la intención del proyecto.

En el proceso de proyecto, surge, a partir de los datos extraídos del análisis del contexto y del programa y en función de nuestra subjetividad en la interpretación de los datos y del bagaje cultural que disponemos, una primera idea formal sobre lo que se quiere hacer. Sin una primera idea formal compositiva, no se puede producir un acercamiento al resultado satisfactoriamente; es decir, sin la idea previa del clavo, difícilmente podremos construir un clavo con el hierro.

En este sentido, se produce una relación intrínseca entre construcción (entendida como técnica o conjunto de procedi-

51 Gregotti, Vittorio. *Desde el interior de la arquitectura. Un ensayo de interpretación*. Editorial Península, Colección Ideas: Barcelona, 1993.

mientos operativos) y composición (como capacidad de concebir, entendida como voluntad de dar forma según los requerimientos con finalidades estéticas y no meramente utilitarias).

La adopción de una manera de proceder u otra, dentro de las posibilidades que la técnica o construcción ofrecen en cada momento, se basará obviamente en función de la adecuación a la idea previa compositiva. Por todo ello, entendemos que, una vez elegida la opción adecuada a la idea compositiva, la construcción interviene en el desarrollo del proyecto como un factor inscribible dentro del proceso dialéctico que se establece. La construcción condiciona, pues, el desarrollo ulterior del proyecto, sirviendo de este modo a la composición en la consecución razonable de sus objetivos.

Se dice que, hace años, en una conferencia en Barcelona, preguntaron a José Antonio Coderch, uno de los arquitectos de mayor interés y renovador de la arquitectura española, como llegaba en sus obras a esos resultados tan escuetos, simples, pero tan bellos. A lo que él respondió «quitando mierda»[52].

Si non è vero è ben trovato!

52 «Diseño de una pieza prefabricada de hormigón», ETSAV. Valencia. General de Ediciones de Arquitectura, 2007, pp. 16-17.

UN MUSEO EN UN LUGAR: INTERACCIONES

El caso del Museo de Bellas Artes de Valencia

EL MUSEO DE ARTE Y LA CIUDAD

Hacía tiempo que las capitales europeas exhibían orgullosas las arquitecturas rescatadas que otrora les habían dado prestigio y otorgado su particular belleza. Aquellas ciudades tristes sucias, ennegrecidas por una terrible guerra, pero grandiosas, que recordaba, adolescente, en viajes familiares, refulgían ahora. París, Londres, Bruselas, Aquisgrán, Viena… habían florecido y en ellas se debatía el papel del monumento y la ciudad histórica en la revitalización de las urbes.

Las ciudades restituían espacios públicos recuperando o repristinando sus elementos primarios, los monumentos, para uso y disfrute de los ciudadanos y embellecimiento de la ciudad. Y el museo, depositario de la memoria de lo humanidad adquiría un nuevo protagonismo en la definición de la urbe, restituyendo frentes urbanos, recuperando espacios: reconstruyendo ciudad.

Pero al mismo tiempo que regeneraba ciudad, el museo se hallaba inmerso en una profunda renovación en cuanto ampliación de objetivos y por tanto de usos, de programa a cumplir. En el último tercio del siglo XX, el museo aun manteniendo su rol urbano, trata de dar respuesta a los complejos requerimientos y exigencias que se demandan dando lugar a un programa espacial excepcionalmente variado y complejo que se reflejará en nuevas propuestas o remodelaciones dignas de atención.

Tal es la importancia e interés del debate sobre el museo y su repercusión en la disciplina arquitectónica que, en palabras de un buen conocedor del tema, el arquitecto profesor Vittorio Magnago Lampugnani «la arquitectura de los museos se asemeja a un sismógrafo que registra precozmente y con extrema sensibilidad las oscilaciones de la cultura arquitectónica».

La catedral laica del arte, que fue espacio de cultura, observación y reflexión para unos pocos se había convertido en instrumento de educación y disfrute de las masas. ¿Se había alcanzado lo que los firmantes del grupo Arbeitsrat für Kunst pretendían, cuando escribían en 1919: «El arte ya no ha de ser placer para unos pocos sino que ha de ser vida y felicidad de las masas»?

VALENCIA. DÉCADA DE LOS 80 DEL SIGLO XX

Una década dorada: Los pasados años 80 del siglo XX, fueron una época dorada en la ciudad de Valencia, que surgía con fuerza e ilusión de la larga noche de la dictadura.

Sí, hubo una época dorada: indiscutible en el campo de la cultura. Por primera vez en medio siglo, se plantearon objetivos y se trabajó con ilusión, casi diría, apasionada. Aunque, por supuesto, posteriormente truncada y nunca retomada. Algunos arquitectos, y otros profesionales, pensábamos que desde nuestro trabajo podíamos mejorar la vida de la sociedad. Que con una arquitectura adecuada podíamos colaborar en la confección del hábitat de la nueva realidad y además disfrutábamos en el intento.

En medio de este idílico panorama, en Valencia, el gobierno autonómico, la «Conselleria» de cultura, sistematiza todo el campo de la cultura museística de toda la comunidad arrumbado durante medio siglo. Amén de reformas culturales y lingüísticas de gran calado.

Y llegó la luz y la alegría. Hay nombres cómo, Ciprià Císcar, renovando la Conselleria de Cultura y Educación, y Tomás Llorens, en la creación y renovación de los museos. Y en la ciudad un alcalde, Ricard Pérez Casado que a nivel urbanístico auxiliado por los arquitectos Vicente González Móstoles y Juan Añon, intentan renovar la olvidada urbanística valenciana, aparte de dotar a la ciudad de unos servicios que fueron alojamiento de las múltiples actividades de culturales que demandaba la ciudad.

La cultura y la arquitectura florecieron en un arduo impulso fundacional cuya labor fue interrumpida con la llegada de los conservadores.

El Museo de Bellas Artes se une a esta renovación urbana a través de su revitalización, incluso se piensa en cambiar el nombre de Pío V, un papa no especialmente amante del Arte, que censuró los desnudos de la Capilla Sixtina arruinando a su vez el nombre del interesante pintor que lo llevó a cabo, y que a partir de entonces fue siempre conocido por *il braghettone.*

El Museo de Bellas Artes de Valencia se haya instalado, desde el año 1947, en el conjunto del antiguo convento de San Pío, con una iglesia sin cúpula (demolida en 1924), variopintos edificios y una parte privatizada y en estado lamentable.

La imagen aérea del Museo de Bellas Artes de Valencia permite observar cómo el edificio histórico, en su fachada principal recayente al río, está conformado por tres volú-

Museo de Bellas Artes de Valencia (MuBAV)

menes de clara morfología: un bloque claustral, de planta sensiblemente cuadrada, flanqueado por dos torres, clásica composición académica en la fachada principal, la antigua iglesia, octogonal, con su espacio interior recuperado al restituir su cúpula y con un hermoso retablo de noble talla que muestra su acceso. Y un volumen rectangular apoyado en uno de los lados del octógono. Detrás de este conjunto se desarrolla una compleja y ordenada articulación de elementos que configuran el conjunto del NOU MUSEU de les Belles Artes.

La imagen de conjunto aporta más datos, legibles sus tres históricos volúmenes, la historia es protagonista en la fachada principal del museo y la portada de la antigua iglesia es el

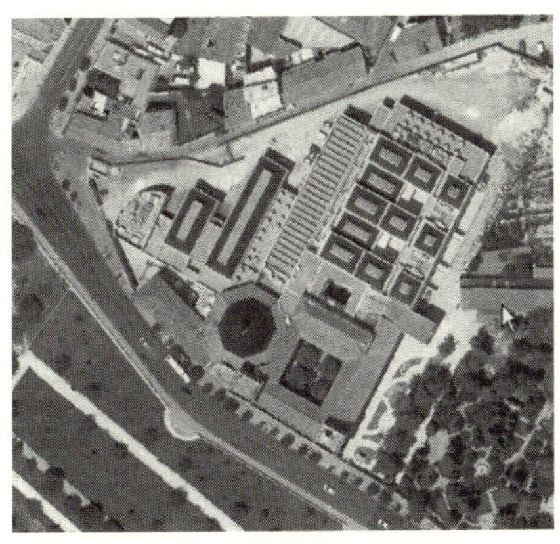

MuBAV

acceso al espacio interior restituido y convertido en el fulcro articulador del nuevo museo de bellas artes, MuBAV. Y el conjunto define la imagen urbana de la ciudad en ese margen del rio Turia, luego veremos el porqué.

Los volúmenes que emergen en el extremo Oeste, anuncian el criterio de ampliación: formas austeras, materiales, y texturas. El conjunto del edificio se configura entre la diversi-

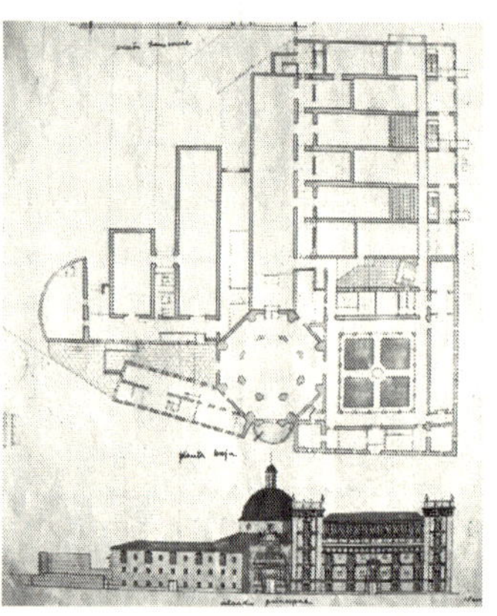

MuBAV, penúltima propuesta

dad de lo nuevo, que revitaliza lo antiguo, y la semejanza con lo «viejo» a través de medidas, proporciones, y lo que es más importante, orden compositivo. Y nunca los volúmenes de lo nuevo superan al histórico pues este ha sido el maestro conductor de la operación.

DE LA IMPORTANCIA DEL LUGAR

Para Hans Georg Gadamer, toda obra de arquitectura está condicionada por el lugar que va a ocupar y el programa que tiene que resolver.

En el caso del convento de San Pío V, después Museo de Bellas Artes, el estudio del lugar de ubicación ofrece un auténtico disfrute al ofrecer siglos de historia de Valencia. Un lugar donde bulle la historia y donde se sucederán múltiples e importantes acontecimientos políticos y culturales desde el siglo XII.

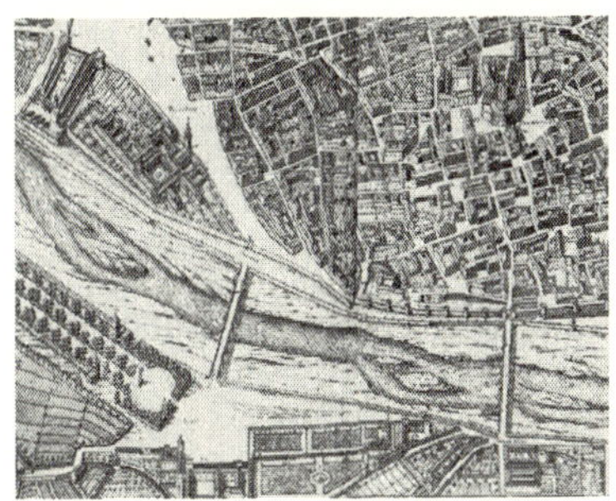

Fragmento plano P. Tosca, 1734. Se observa el palacio real (izq.), S. Pío V, Convento Trinidad

El grabado *«Vista de la ciudad de Valencia tomada desde San Pío V»*, de 1795, de Antonio J. Cavanilles y Tomás López Enguídanos, proporciona una visión de la ciudad que se desarrollaba justo al otro lado del rio Turia, protegida por sus murallas tras las cuales se observa el armonioso perfil urbano de torres y campanarios que cantara Miguel de Cervantes en una de sus novelas ejemplares.

El grabado se realizó, como su nombre indica, desde el lugar donde se halla el Convento de San Pío V, el primer

«Valencia desde S. Pío V». Grabado
de Enguídanos y Cavanilles, 1795

tramo del río que acomete un interesante servicio creado en el siglo XIII por el gobierno de la ciudad, *Fàbrica de Murs i Valls* se denominó, de construcción y mantenimiento de murallas y pretiles del río ante los periódicos desbordamientos que tanto dañaban la ciudad y su hinterland, tramo que comprende desde el puente de la Trinidad al puente del Real, los límites del grabado y los límites de nuestra intervención.

Repasémoslos brevemente, aguas arriba, a este lado del río y a escasos metros del convento fijémonos en el puente, el más antiguo, que ancla sus orígenes en los albores del siglo XIII. Junto a él se encontraba un convento trinitario, de 1256, vinculado a la asistencia hospitalaria del cercano Hospital de San Guillem. Fue la conducta disoluta de los monjes lo que provoca su expulsión y demolición (seguramente parcial) del convento y su sustitución por una fundación de nueva cepa que promueve la Reina María de Aragón, Infanta de Castilla y esposa del rey Alfonso III de Valencia, conocido en la historia como el Magnánimo y el Sabio.

Tanto el puente como el convento están pulcramente ejecutados en piedra de Godella, (piedra caliza local de tipo travertínico y gran resistencia, utilizada en la mayor parte de los monumentos de la ciudad) y ambos presentan una potente factura tanto en la geometría que los define, como en la solidez de las trazas reforzadas por los robustos contrafuertes en contrapunto a las delicadas tracerías que se observan en el claustro.

Al otro extremo del puente de la Trinidad el visitante accede al centro urbano de Valencia, ciudad en plena efervescencia en el siglo XV. Tanto en lo económico como en lo cultural que se manifiesta en las numerosas construcciones

Monasterio de la Trinidad

públicas, algunas tan relevantes como las Atarazanas del puerto, Torres de Quart, Hospital de los Inocentes, Palacio Real, Cimborrio catedralicio, Palacio de la Generalidad, y la Lonja de la seda. En el campo literario es el Siglo de Oro Valenciano del que merece citarse la abadesa del Convento de la Trinidad, Sor Isabel de Villena, a Ausias March, Joannot Martorell, Roiç de Corella o el poeta árabe converso Jordi de Sant Jordi, que acompaña al Magnánimo en sus conquistas como caballero a su servicio personal y Jaume Roig el médico de la reina María, unos de los pocos que escribía en castellano, pues la mayoría lo hace en valenciano ese catalán occidental que en nuestros lares es «graciosa lengua, con quién solo la portuguesa puede competir en ser dulce y agradable», como la describe Cervantes en los 'Trabajos de Persiles y Segismunda' señalando, de paso, «*la hermosura de sus mujeres y su extremada limpieza*» .

El segundo puente, llamado del Real debe su nombre al Palacio al que daba acceso desde la ciudad. Su construcción finalizó justo para la celebración de las bodas de Felipe III y Margarita de Austria en 1598.

Le da nombre el palacio real, la antigua almunia árabe, mandada construir en el s. XI por el rey árabe de la taifa valenciana Abd el Aziz, que fue residencia intermitente de los reyes de Valencia, lo que explica las numerosas intervenciones que se llevan a cabo en él.

El rey Jaime I lo habitó tras la conquista de la ciudad en 1238. Pedro II de Valencia, el del Punyalet, también conocido por el Ceremonioso, mandó ejecutar importantes obras de reconstrucción y embellecimiento tras su destrucción parcial en 1364 durante las guerras castellano-aragonesas.

Según los cronistas, el esplendor que alcanza la residencia real tras las reformas trasciende las cortes europeas. Posteriormente fue residencia temporal de Alfonso III de Valencia, el Magnánimo, cuya labor de protección de las artes y las letras personificó el naciente espíritu renacentista.

Palacio Real demolido

En 1415 celebró allí sus esponsales oficiados por el arzobispo de Valencia, futuro papa Calixto III, primer papa Borja (Borgia). De hecho, fue residencia de su esposa la reina María ya que el rey Alfonso partió a la guerra de Nápoles donde se estableció una vez conquistada la ciudad. Convertida la corte napolitana en cenáculo del naciente orden nuevo: el Renacimiento. Allí tuvo a su único hijo, Ferrante, con su amante Lucrezia d'Alagno, su sucesor en el reino de Nápoles.

En 1523, Germana de Foix, sobrina del rey de Francia Carlos XII, segunda esposa de Fernando el Católico y, parece ser, amante de su nieto el emperador Carlos V, es nombrada por éste virreina de Valencia.

«L'alberg deleitós», como denominara al palacio Pedro II el Ceremonioso, fue demolido por las tropas del gobierno de Cádiz en 1810 en la guerra contra los franceses.

Teodoro Llorente lamentó así aquel hecho: «¿Qué fue de ti, Palacio Real? Noble mansión de los monarcas valencianos, centro y símbolo de nuestro antiguo y glorioso reino (...) Desaparecido todo, con las instituciones que representabas, la autonomía ilustre de aquel reino del que fuiste cabeza (...)».

Un bellísimo convento medieval, infrautilizado hoy en día, apenas utilizado, foco cultural del Siglo de Oro valenciano inspirado por la superiora del convento y escritora prolífica Sor Isabel de Villena. Todo ello a orillas del rio Turia, frente a la histórica ciudad de Valencia.

Este es el lugar, el locus, donde se llevó a cabo la construcción del convento de San Pío V.

NUEVO PROGRAMA DEL MUSEO DE ARTE

El programa de un museo de arte, objeto práctico del proyecto de arquitectura está sujeto, desde el último tercio del pasado siglo, a múltiples requerimientos que lo convierten en un complejo organismo que dispondrá de flexibilidad suficiente para adaptarse a continuos cambios y, en ocasiones, a requerimientos contradictorios.

El nuevo templo laico del arte, adaptado a estas exigencias, vive una profunda transformación como institución. Las nuevas necesidades configuran un programa y por tanto unos requerimientos a los que tiene que dar respuesta. Ha cambiado el rol del museo, las condiciones de su entorno y en consecuencia su programa. Los términos del debate sobre el museo se truecan tras el apabullante éxito popular de dicha institución.

«En los museos decimonónicos la relación entre área expositiva y área destinada a actividades auxiliares era circa 9:1; hoy la relación tiende a ser de 1:2, lo que significa dedicar a las obras de arte solo un tercio del área del complejo».

Me he servido de esta cita de la conferencia de presentación del ala Sainsbury, que en 1988 dictó el arquitecto Robert Venturi, autor junto a junto Denisse Scott-Brown de la interesante ampliación de la National Gallery de Londres llevada a cabo.

El proyecto, con la ironía y el juego que le caracteriza en el lenguaje propio del arquitecto americano, resuelve circulaciones, recorridos, secuencias, tratamiento de la luz, mezclando luz natural (mejor cromatismo) y artificial (mayor control), favoreciendo una pluralidad de soluciones arquitectónicas que puedan valerse de espacios neutros, históricos o fluidos, relación de la obra con el espectador. Refleja así, con gran habilidad los nuevos requerimientos que exige un museo de arte en el último tercio del siglo XX.

El enunciado de nuevos contenidos que integrarán a partir de ahora el programa del museo de masas pone radicalmente en crisis el tradicional programa del museo de arte que permanecía imperturbable gracias a una enorme inercia.

Mientras en el pasado las colecciones eran relativamente estables, hoy tienden a ser mutables, por ampliación de adquisiciones, por la proliferación de exposiciones temporales o la inserción de piezas de otras épocas, lo que requiere mayor flexibilidad en la configuración espacial y en las formas de iluminación

A esto se añade, naturalmente, un gran vestíbulo, un espacio de acogida con similares funciones a las del «foyer» de un teatro, acogiendo a las personas que acuden al museo y ofreciéndoles la oportunidad de socialización y comunicación mientras se orientan ante lo que la institución les ofrece.

Así surgen nuevos espacios que podemos denominar semipúblicos, aquellos que, pueden ser accesibles incluso independientemente del resto, como la administración y dirección del museo, las salas de reserva para investigadores, las salas de consulta para el estudioso especializado y los almacenes visitables. Sin olvidar lo que se denomina «usos internos»: almacenes profundos, de apoyo, de tránsito, cámaras, laboratorios, talleres, carpintería junto a las necesidades del numeroso personal que cierran los complejos requerimientos que la institución necesita. Resumiendo así la complejidad de las necesidades planteadas.

EL EDIFICIO

► *El necesario plano de planta*

El plano de planta DE UN EDIFICIO es el corte horizontal que permite reconocer la lógica de sus trazas maestras pero que también refleja las alteraciones, añadidos y distorsiones que el decurso del tiempo ha ido produciendo.

«El volumen y la superficie, elementos mediante los cuales se manifiesta la arquitectura están determinados por la planta. La planta es el elemento generador», decía Le Corbusier, que insiste: *«La planta exige imaginación activa y disciplina más severa. La planta lo determina todo: es el momento decisivo: la obra se desarrolla en extensión y en altura siguiendo sus prescripciones»*. Y proporciona datos históricos que en nuestro caso tienen gran relevancia.

El bloque claustral se debe a Juan Bautista Pérez Castiel, que comienza las obras en 1683 y las desarrolla hasta su muerte en 1708. En 1728, Josep Minguez y José Pérez son contratados para continuar y finalizarlas con la construcción de la iglesia en 1744. El bloque oeste correspondería a un posterior encargo de los clérigos al maestro de obras valenciano, Josep Pinyó en el año 1758 con lo que a la fachada del convento se añade un nuevo volumen que define el «*skyline*» del margen izquierdo del río.

Particular atención nos merece la figura octogonal de la antigua iglesia, maclada al cuadrado claustral.

Si la carrera del aragonés Pérez Castiel, de probados

conocimientos arquitectónicos, permite situarlo cercano a un barroco adjetivado al uso, como yo lo denomino, la complejidad de la aventura octogonal y su encastre con un cuadrado permite pensar en un trabajo conceptual de mayor calado intelectual. No en vano Minguez está ligado al ala más inquieta, en aquel tiempo, de los arquitectos valencianos, los novatores, vinculada al estudio de los tratados clásicos renacentistas.

Posteriormente a estos volúmenes primigenios, el bloque claustral y el octogonal de la iglesia, y el nuevo de Pinyò se añadirán volúmenes diversos sin más criterio arquitectónico que el límite que establece la acequia de Mestalla y la inmediatez funcional. Construcciones de ínfima calidad constructiva y de escasas posibilidades museísticas por su calidad y dimensiones.

Esto es lo que nos enseñan las plantas del antiguo convento cuya realidad física nos pautarán los criterios de actuación en el artefacto construido.

▸ *El edificio*

En 1984 la imagen de conjunto que el Museo de Bellas Artes de San Pío V ofrece es más bien triste, de abandono.

Inaugurado en 1947 no parece haber merecido, a posteriori una mínima atención en cuanto a su conservación y mantenimiento.

Dos torres enmarcan un cuerpo académico en cuyo eje de simetría encontramos el lógico acceso. A su lado un bloque poligonal, la antigua iglesia, exhibe una fachada retablo

Exterior del Museo en 1980

de digna factura y sorprende la inexistencia de la cúpula, demolida en 1923. Un bloque lineal, de sencilla construcción, con predominio de macizos sobre huecos y restos de fenestración que apunta la conventual, por la alternancia de huecos de gran porte y pequeña ventana de servicio de celdas, cierra el conjunto arquitectónico. Tras este frente un variopinto conglomerado de edificaciones completan el conjunto del antiguo convento. Acceder a su interior confirma los peores augurios.

El acceso principal al Museo de Bellas Artes se lleva a cabo por el bloque claustral. La planta baja se abre al claustro ajardinado. Fragmentos de arquitecturas, producto de demoliciones, se apiñan a lo largo de la galería del claustro rodeando los jardincillos de aspidistras ordenados por los canónicos ejes ortogonales con la fuente situada en su cruce. Este espacio se conecta con el espacio interior de la antigua iglesia convertido en aparcamiento para uso del personal.

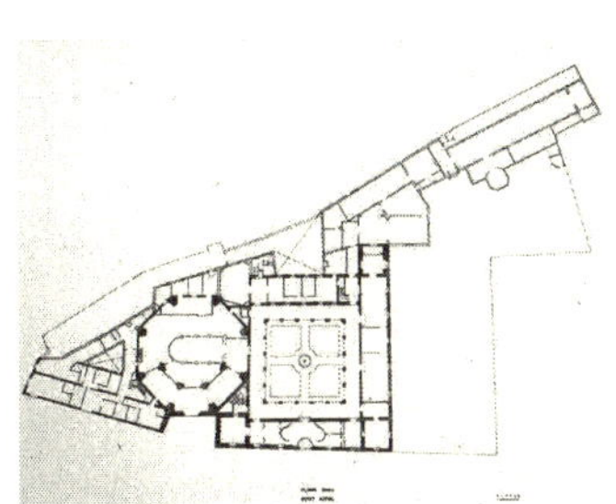
Planta del Museo en 1983

Las dos plantas superiores del claustro estaban destinadas a exposición permanente del museo. La intervención de postguerra había unificado corredores de claustro y salas, intentado uniformizar su aspecto mediante un cierto aire *«estilo renacentista»* –ese estilo *«remordimiento español»*, desgastado y obsoleto– que impregnó tantos espacios durante la dictadura mortificando nuestra sensibilidad.

Las alas de los tres brazos recibieron un mismo tratamiento en su fragmentación y conversión en pequeñas salas de exposición, iluminadas unas veces por tubos fluorescentes colgados por dos cadenas en sus extremos, simples bombillas de incandescencia y algún primitivo proyector. Es de destacar las limitadas dimensiones de los espacios de este volumen claustral que, unido a su sistema constructivo, muros de tapial y forjados de madera, presagiaban cierta incapacidad de adecuación a los requisitos exigibles a un museo de finales del siglo XX.

Las dos torres de difícil accesibilidad, mediante estrechas e incómodas escalerillas de madera, ofrecían restos de su utilización como precarios almacenes en los que se depositaron piezas de tercer orden afectadas por el desastre de la fuerte inundación provocada por la riada de 1957. La falta de algunas carpinterías abundaba en una situación de lamentable abandono.

Uno no puede sino pensar en los numerosos museos de arte que en 1985 se estaban levantando o estaban ya construidos en la Europa de postguerra, en pleno auge de la renovación o reconstrucción de las ciudades y la influencia del tipo edilicio, el museo, cómo regenerador de los tejidos destruidos.

Ellos habían salido, en 1945, de una terrible guerra. Nosotros, en 1977, de una oscura dictadura.

El antiguo convento es un vestigio histórico, y hay que rehabilitarlo como museo. Evidentemente no solo es necesaria la ampliación, por necesidades de uso, sino que hay que hacer una rehabilitación de sus espacios.

El estudio de los materiales, planos históricos, grabados, ha permitido llegar a una idea que se hace patente: la recuperación de la imagen urbana a aquel lado del rio, se va configurando como objetivo prioritario.

Apoyados en ese pobre edificio constreñido, por una errónea decisión, a contener una maravillosa colección de pintura tras recuperar la imagen urbana a través del más modesto de los, antaño, históricos protagonistas es un objetivo clave de la compleja operación de ampliación de un edificio histórico.

LA INTERVENCIÓN: OBJETIVOS

Allá, por el primer tercio del siglo XX, Ambrogio Annoni había escrito *«sólo si se penetra en los meandros de las antiguas construcciones y se deja que expresen su inmutable palabra los ladrillos, las piedras, las vigas, las pinturas..., sólo así el monumento revela su razón de ser»*. Pero más adelante añade: *«el monumento es el maestro y toda intervención se determina en cada caso particular a partir de él»*.

Sabemos que el nacimiento de un edificio se debe a una necesidad resolver una función. Aporta el edificio respuesta a una función, se integra en el devenir de un núcleo, en su historia. Y más tarde se le confiere un valor artístico.

Hablamos de arquitectura, ésta tiene o tenía un valor estético, por lo que habrá que recuperarla. ¿Cómo? Mediante una acción creadora. Con el riesgo que conlleva una acción creadora que siempre deberá ser contemporánea al momento en que se realiza.

► *Necesidad de un centro articulador del nuevo museo*

El núcleo, el fulcro articulador del MuBAV tenía que ser el espacio de Minguez: El espacio de la antigua iglesia. La connotación que su fachada retablo ofrecía completaba el interés de la elección al convertirse en el acceso del Nuevo Museo.

El octógono evoca monumentalidad, cosa nada desdeñable. El espacio definido por tan potente figura geométrica manifestaba unas posibilidades de escala, dimensión y capacidad de relación con los volúmenes existentes y con su futuro inmediato, el volumen de la ampliación que alcanza el 200 por 100.

La decidida recuperación del perfil histórico del edificio, cuya memoria perduraba a través de los grabados antiguos de la ciudad, es uno de los objetivos del proyecto, emite un juicio acerca de la importancia del monumento en el tejido urbano y de la trascendencia de la recuperación de la imagen urbana como protagonista del paisaje.

El nuevo museo nace como consecuencia de que lo «nuevo» revitaliza las formas antiguas.

Necesitábamos un núcleo articulador del conjunto, centro del nuevo MuBAV. que además de restituir el rol del museo reconfigurara la imagen urbana de la ciudad junto al Monasterio de la Trinidad. Y, aún en ausencia del tercer punto de interés, el Palacio Real, demolido por las tropas españolas durante la guerra contra el francés a inicios del siglo XIX, y sus otrora famosos jardines, hoy en un estado lamentable.

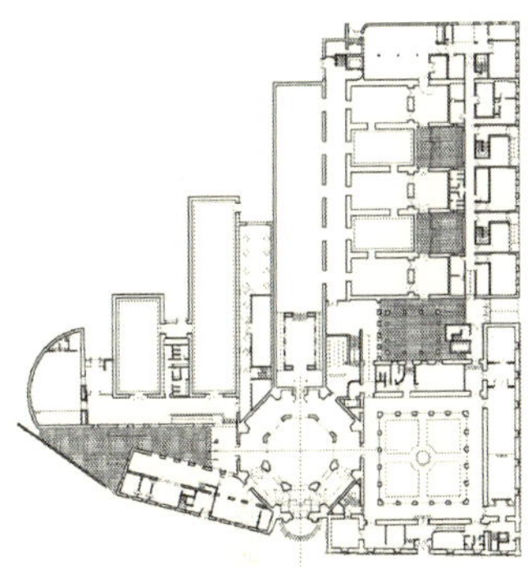

Planta del proyecto aprobado en 1996

El octógono evocaba monumentalidad, cosa nada desdeñable para el acceso al templo laico del arte. Evocaba espacio en potencia, dimensión. Y apuntaba una verticalidad que recuperada, alcanzaba la unidad potencial de lo original y lo nuevo que lo revitalizaba. Una escala adecuada a la resolución de todos los requerimientos que el espacio de acogida debe resolver en lo posible. Y podía ser el centro articulador del nuevo museo y como tal puede establecer las conexiones necesarias.

El espacio definido por el octógono manifestaba en potencia unas posibilidades de escala, dimensión y capacidad de relacionarse con los volúmenes existentes y los de la ampliación, su futuro inmediato.

George Vivian, *El museo desde la otra orilla del rio*, 1833-1837

Cesare Brandi en su teoría de la restauración nos decía que, en relación a los elementos desaparecidos de un edificio, no había que construir una réplica de lo que fue, sino que *«el ambiente deberá ser reconstruido en base a los datos espaciales, no a los formales, del monumento desaparecido. Así* –continuaba–, *se debía reconstruir un campanario en San Marco, pero no el campanario caído; se debía reconstruir un puente en la Santísima Trinidad, pero no el puente de Ammanati»*.

La restitución del espacio abovedado de la antigua iglesia en el punto donde se cruzan los ejes ordenadores de la rehabilitación, inicia dicho proceso con una intervención decidida para restablecer la imagen visual del antiguo convento de San Pío V, a la vez que, como hemos indicado, sirve para dotar al nuevo Museo de un gran espacio de acogida que funciona a la vez como vestíbulo y como lugar de exposición de ciertas obras históricas de considerables dimensiones y menor interés artístico producto, en general, de aportaciones de los Prix de Rome. Destino que al fin se ha logrado con todo esplendor tras la comprensión de las intenciones del proyecto original por el historiador, buen conocedor del XVII valenciano y actual director Dr. Pablo González Tornel.

Restitución de la cúpula

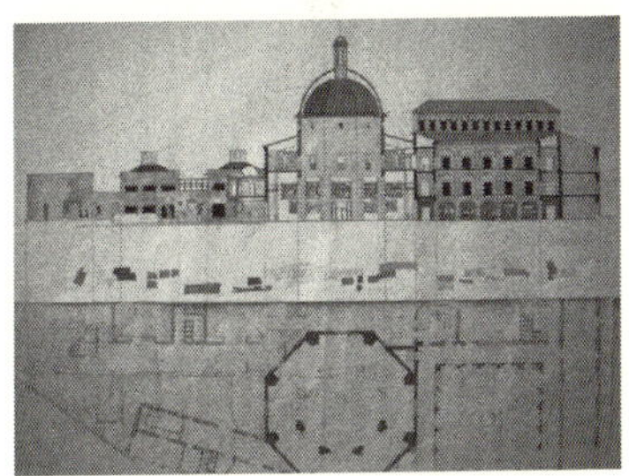

Sección transversal propuesta

La recuperación del espacio cupulado del nuevo vestíbulo precisó la restauración minuciosa de las tres partes existentes y la reconstrucción del resto, que se realizó siguiendo el criterio de la clara diferenciación de lo nuevo con lo antiguo una vez repristinado. Las dimensiones y relaciones de los huecos, criterio básico del proyecto de conjunto, vienen dadas por los históricos. Pero las formas adinteladas marcan la necesaria diferencia con ellos. El tambor, todo él de nueva construcción, coronado por la cúpula y la linterna, envuelve los elementos preexistentes convirtiendo a éstos en un «collage» sobre la nueva estructura; el tratamiento formal, el acabado en estuco a la antigua, color gris-beige del conjunto, subraya aún más esta idea de restitución espacial a la vez que valora los elementos estilísticos de los tres octavos existentes, pilastras, capiteles, cornisas, molduras, etc.

El muro perimetral de la iglesia, es un deambulatorio que acoge obras de gran formato, cuyos caracteres históri-

Espacio restituido y núcleo del nuevo museo

cos introducen al visitante en las secuencias espaciales que mostrarán los ricos fondos del museo. El tratamiento monocromático del conjunto resultante está coronado por la semiesfera de la cúpula que no puede resistir su histórica vocación de bóveda celeste. Como se produce en la cultura oriental, o más cerca, de acuerdo con las hipótesis del profesor Aldana para la Lonja de Valencia, o como tuve la ocasión de contemplar personalmente en los trabajos que se realizaban en la cúpula original de S. Pietro in Montorio o en trabajos del siglo XVIII europeo, nuestra cúpula se reviste de añil salpicado de pequeños círculos de pan de oro. (circunferencia de resina de 10,5 cm de diámetro recubierto de pan de oro y atornillada a la cúpula). La luz controlada de la linterna, cuyos huecos en alabastro la tamizan se conjuga con la fenestración del tambor a través de los cuales los rayos de sol se entregan en el pavimento, un abstracto trompe l'oeil que se desparrama indicando los ejes ordenadores.

▸ *Articular y Ordenar*

Este espacio recuperado del recinto octogonal se convierte en el punto donde se cruzan los ejes ordenadores y constituye el arranque conceptual del proceso de rehabilitación.

El eje transversal, perpendicular al acceso, pone en relación el bloque lineal de oficinas y las salas de exposiciones temporales –junto con el patio de arqueología y escultura– con el claustro original y sus salas expositivas vinculadas.

El eje principal longitudinal establece la directriz de la visita a las exposiciones permanentes del museo, desde el acceso por la portada de la antigua Iglesia, e indica el recorrido que lleva al visitante a través de todas sus salas. Este eje se desarrolla en doble altura, constituyéndose como una gran sala donde vierten perpendicularmente las salas transversales que se agrupan de manera compacta, y que a su vez se organizan en dos niveles algunas de ellas. Envolviendo el bloque de estas salas, se organiza un sector especial, en forma de «L» en el que se sitúan en su parte norte los almacenes y servicios de restauración y talleres.

Y llegó la segunda pregunta: ¿Cómo ampliar el museo?

▸ *La ampliación: entre la semejanza y la diversidad*

El concepto de ampliación es sugerente ya que va a establecer los parámetros de resolución al problema de continuidad. La arquitectura anterior no es algo que precise reanimación, sino solo su inserción en una nueva situación proyectiva. El proyecto integrará lo nuevo y lo viejo en una misma acción.

No existe intervención arquitectónica, ni restauración alguna que no requiera un proceso de estudio y de toma de decisiones, similar al de cualquier acto creativo, por lo que no es posible intervenir en bienes patrimoniales sin crear, sin proyectar, al igual que no es posible proyectar ninguna arquitectura sin afectar a bienes patrimoniales.

La ampliación del conjunto debe resolver un problema de continuidad. Supone la inserción de la arquitectura histórica en la nueva situación proyectiva. Plantea la necesidad de un proyecto que integre lo nuevo y lo viejo y la consecuente revitalización de lo antiguo.

Bloque claustral, iglesia octogonal bloque lineal, los elementos adventicios eliminados, presentan un procedimiento aditivo que establece las pautas de la ampliación. Esta tiene que configurarse de forma aditiva mediante volúmenes que permitan el uso museístico origen de la intervención.

Entre la diversidad y la semejanza de ambas partes, lo antiguo y lo nuevo, se tratará de establecer la relación que debe dar unidad al conjunto.

La ampliación del Museo se plantea mediante un esquema aditivo de partes reconocibles y diferenciadas, que se concibe de forma análoga al procedimiento histórico. Cuadrado, octógono y rectángulo, tres figuras plenamente reconocibles y con entidad propia, formaron el conjunto primigenio resultado de su adicción.

Datos relevantes de la estructura antigua y las formas y dimensiones de la ampliación están en la base de esta opera-

Sala exposiciones temporales

ción. Se trata de una operación analógica, de una relación de semejanza entre lo antiguo y lo nuevo, con la inevitable diversidad de éste. No olvidando que la ampliación de un edificio histórico supone: «aceptar la continuidad de la arquitectura en el tiempo y en el espacio».

Nuevas formas cuyas dimensiones, alturas, volúmenes vienen establecidas en semejanza con las que plantea el edificio antiguo. Se busca la respuesta a través de la analogía entre los datos relevantes de la estructura antigua y las formas nuevas que se proponen. Consiguiendo así la armonía necesaria para el logro equilibrado del nuevo museo.

En el museo de Bellas Artes de Valencia, la ampliación, por imperiosa necesidad de superficie, da lugar tras la lectura de

Alzado principal del proyecto

Fachada principal del nuevo MuBAV

sus sistemas compositivos, a un esquema contrastado en las propuestas de los llamados arquitectos «racionalistas radicales». La tipología en peine, que tan buenos resultados ha aportado en la arquitectura del siglo XX a la resolución de proyectos de uso público, es la escogida como base de la ampliación. Baste recordar la propuesta de Hans Schmidt y Paul Artaria para el concurso de la biblioteca cantonal de Berna, de 1927. El brazo principal, en el eje Norte-sur proporciona una gran galería longitudinal en la que albergar los grandes retablos que atesora el museo y que nunca pudo exhibir completos debido a sus grandes dimensiones. Su anchura corresponde a la dimensión del lado del octógono y su altura viene limitada por la cornisa de la antigua iglesia, lo que da pie a una sala a doble altura, iluminada con luz cenital natural y artificial; en consecuencia, los brazos perpendiculares del peine se entregan al eje principal dando lugar a una galería en el primer nivel en la que se pueden contemplar los retablos desde una mayor altura.

Y el resultado, en mi opinión, manteniendo el protagonismo del viejo convento, sin juzgarlo, se trenza una ampliación y además se crea un espacio de acogida del nivel requerido para la colección del Museo de Bellas Artes de Valencia. Potenciando su pieza arquitectónicamente más notable.

En 1996 el proyecto de rehabilitación y ampliación del museo fue aprobado por el ministerio siendo ministra de Cultura Esperanza Aguirre y presidente de la Generalitat Valenciana Francisco Camps, ambos populares e inicuos.

Tras mi injustificada expulsión del mismo, sin causa alguna reconocida, el proyecto fue modificado por mi antiguo colaborador, dejando el bloque de la sala Laporta, fuera de las líneas de proyecto aprobadas, pese a su deficiente calidad constructiva y pura escenografía a lo Giovannoni, intervenciones que enturbiaba la articulación del encuentro entre lo «nuevo» y lo «viejo». La calidad del Patio del Embajador Vich, gozosa pieza renacentista traída piedra por

G. Grassi, Teresa Lozano y M. Portaceli en la inauguración 1a fase del museo, 1989

piedra de Roma, constreñida de la forma menos adecuada en cuanto a escala y espacio, produce unos problemas circulatorios y de orientación y de inteligibilidad del proyecto sin posibilidad de retorno, que entorpecen la intención de la planta y espacialmente se aprecia en espacios y escaleras construidos.

UN ARQUITECTO ES UN ARQUITECTO

«Hay una regla enunciada por Miguel Ángel para la escultura, tan soprendente como aterradora que dice así: 'una bella estatua debe poder rodar desde la cima de una montaña sin perder nada fundamental'. Es ésta una imagen muy fuerte, digna de Miguel Ángel, llena de carga teórica, destinada todavía a producir escándalo».

GIORGO GRASSI

En 1980 Giorgio Grassi aterrizaba en Valencia por primera vez para participar en el simposio «Arquitectura y Ciudad: Vanguardia y Continuidad» invitado por los organizadores Rafael Mira, Cecilio Sánchez Robles y yo mismo, asesorados por Tomás Llorens.

A partir del 21 de abril de aquel año la presencia de Grassi fue más continuada. Participó en actos en la Escuela de Arquitectura, y nos enfrentamos a diversos proyectos arquitectónicos conjuntamente, dando pie a una laboriosa y fructífera colaboración. Y se labró una hermosa amistad que perdura desde entonces.

El maestro milanés nos habló de una arquitectura, de

la que no necesariamente recordamos su autor, que se nos ofrece como si siempre hubiera estado en aquel lugar. De una obra necesaria allí, que no nos asombra, más bien reclama nuestra atención, nos invita a reflexionar sobre la razón de su permanencia, por su adecuación a una necesidad social que en ese determinado punto, había que resolver.

Se trata de una arquitectura que responde a unos principios generales asentados en la historia, reconocibles por todos, donde el comparecer de las modas carece de sentido y las expresiones individuales, quizás inevitables, quedan siempre en un segundo plano, pues realmente, lo que permanece, que es su calidad específica le permite integrarse como parte «de una construcción más amplia y unitaria: la construcción de la arquitectura en el tiempo, la larga experiencia de la arquitectura en el curso del tiempo»[53].

Acerquémonos a esa «larga experiencia de la arquitectura en el curso del tiempo» pero no desde el punto de vista del historiador, sino desde la actitud del arquitecto que necesita saber el porqué de las experiencias que le precedieron, las razones de una arquitectura que permanece para, en consecuencia, actuar a partir de las conclusiones extraídas.

Desde estos puntos de partida conviene recordar que la historia, para Giorgio Grassi, se plantea como un *continuum*. La arquitectura, a lo largo de la historia, insistirá, planteará

53 Giorgio Grassi, *Arquitectura lengua muerta y otros escritos*, Ediciones del Serbal: Barcelona, 2005, pp. 33-35.

siempre las mismas preguntas, y nuestras respuestas se relacionan con las que le han precedido.

Precisamente la inserción de nuestras obras en la larga experiencia de la arquitectura en el tiempo es uno de los factores que les otorgan su razón de ser. Las grandes arquitecturas se reconocen porque se inscriben en ese devenir, estableciendo la continuidad de la experiencia histórica.

Grassi afirma: «¿Qué es lo que nos resulta necesario? El mundo en el que estamos a gusto: la arquitectura como lenguaje que se ha definido en el tiempo, partiendo y fundándose en necesidades codificadas, convencionales, de carácter general y de interés común». Y continúa: «nuestras ciudades, donde vivimos, lo que frecuentamos, los objetos que usamos, los útiles de nuestra cotidianidad, forman parte de nuestra experiencia de la arquitectura y a través de ellos la arquitectura con su lenguaje de siempre nos habla de sí misma, de sus formas, de sus objetivos. Nos enseña a mirar y reflexionar».

De ahí que una condición irrenunciable de la arquitectura será el uso de un lenguaje comprensible. Sabemos que la comunicación se da cuando existe una base inteligible.

En un discurso ha de haber, al menos, una parte codificada que dé pie al entendimiento y a la comunicación y de esa manera se pueda llegar al «objeto de una obra honesta (que) es simple y claro: hacer pensar».

Decididamente esta reflexión exige una capacidad de discernimiento por parte del individuo. Es por lo que Grassi, hablando a los estudiantes de la arquitectura, incide en que «lo más importante para un estudiante hoy es la formación de un juicio motivado y coherente sobre la arquitectura en su complejidad»[54].

ARQUITECTURA: ACTIVIDAD TRANSMISIBLE

Fundamental en el pensamiento *grassiano* es que la Arquitectura es una actividad transmisible, lo que le confiere un fuerte

L. B. Alberti, Templo malatestiano, 1450-1460

carácter didáctico, y bajo esta condición hará evidentes las operaciones y mecanismos proyectuales.

Su transmisibilidad comporta el que es explicable y, una arquitectura explicable es aquella que nos muestra su razón

54 Giorgio Grassi, «Un parere sulla scuola e sulle condizioni del nostro lavoro», *Domus*, n.º 714, Milán, 1990.

de ser, los mecanismos de interpretación del material estudiado. La transmisión de las cualidades específicas que solicita el acto de llevar a cabo un fragmento de la construcción de la arquitectura en el tiempo. Un proyecto de arquitectura.

Habrá que acercarse a la «larga experiencia de la arquitectura en el curso del tiempo" no desde el punto de vista del historiador, sino desde la actitud del arquitecto que necesita saber el porqué de las experiencias que le precedieron para en consecuencia, actuar a partir de las conclusiones extraídas.

Y hallamos aquí a los maestros, aquellos que voluntariamente hemos elegido y a los que volvemos una y otra vez mostrándonos en cada ocasión una nueva enseñanza.

Giorgio Grassi manifiesta vivamente la necesidad de escoger unos maestros, como los referentes que nos darán fuerza en nuestros planteamientos a la vez que nos ligan a la experiencia de la arquitectura, como él mismo ha procedido.

En la versión última de *Scegliersi dei Maestri* (*Escogerse unos maestros*)[55] comienza citando a Tomas Bernhard –del que toma el título de una narración suya *Alte meister* (*Antiguos Maestros*)–, escritor que provoca en el maestro milanés un estímulo o instigación a hacer, en un momento, como el actual en donde la situación de la arquitectura invitaría a su abandono. Pero Bernhard es uno del grupo de maestros-azote que, al final provocan un efecto como de liberación, pero en el

55 Giorgio Grassi, «Antiguos Maestros» (1999), en *Arquitectura lengua muerta y otros escritos*, Ediciones del Serbal: Barcelona, 2003.

Complejo de Postdamerplatz. Parcial y planta

camino nos acosan. Y junto al escritor vienés citará al director de cine Robert Bresson, al escultor Arturo Martini y al escritor Samuel Beckett. Todos ellos como maestros instigadores, incómodos, que obligan a cuestionarnos continuamente, que no calman nuestra inquietud, sino que la azuzan.

Si nos acercamos a los siguientes maestros, a los que «siempre ha admirado» tanto con instintiva simpatía, como por una natural inclinación y afinidad: Francesco de Giorgio, León Battista Alberti –figura central de este grupo al que ha dedicado un interesante y certero estudio recientemente publicado–, el gran Piero della Francesca, Karl Friedrich

Almudín, Xàtiva (Valencia). Fotos Joan Fontcuberta

Schinkel –que ocuparía un lugar preferente, al igual que Adolf Loos–, Heinrich Tessenow, Ludwig Hilberseimer, Jacobus Johannes Pieter Oud, maestros que le ayudaron y sostienen en su juicio sobre lo que debe ser la arquitectura.

Son maestros a los que acudimos en demanda de soluciones, que nos insuflan fuerza y renuevan nuestro ánimo en la

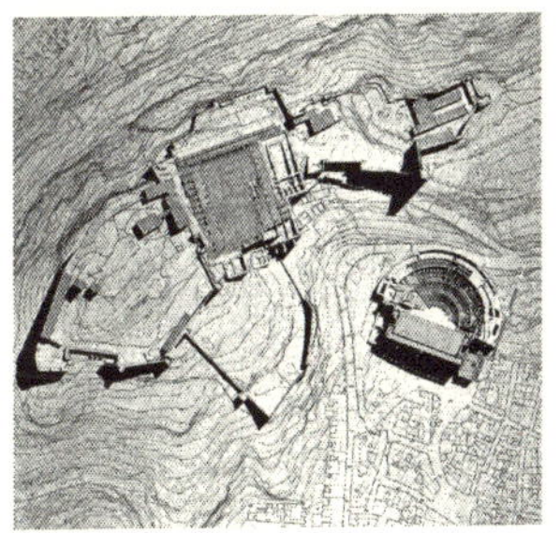

Foro (castillo) y teatro romano, Sagunto

búsqueda de la razón de ser de nuestros proyectos. Y siempre volvemos a ellos y nos enriquecen con nuevas sugerencias.

Frente al empirismo, que no proporciona normas generales, el proyecto es fruto del porqué de la propuesta elegida frente a otras respuestas posibles.

Un riguroso análisis a partir de los datos sobre la estructura física del lugar donde se asienta la ciudad, que nos suministra la topografía y la cartografía. El proyecto parte de un lugar, con su presente y su pasado, para constituirse en lo que quiere ser, pide ser, en el futuro. Del encuentro de la arquitectura con el lugar, este se modifica y las conclusiones se ordenan para alcanzar la forma.

El tema, el programa, el objeto práctico y el lugar son los parámetros del proyecto de arquitectura cuyo carácter distintivo será la claridad de la respuesta respecto al objeto de proyecto habida cuenta que, en Arquitectura, como nos recuerda Grassi, prevalece el fin práctico.

Así, el proyecto para la rehabilitación y ampliación del Neues Museum nos muestra, como en el proyecto para la

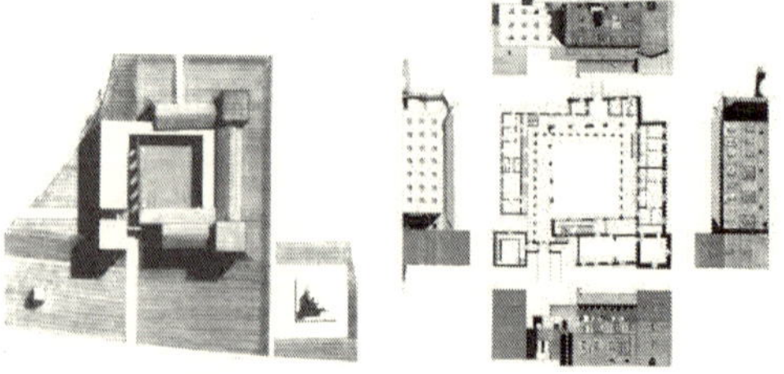

G. Grassi, Rehabilitación del Castillo de Abbiategrasso

Almudín de Xátiva, inauguración, 1985

Potsdamer Platz, ambos en Berlín, la necesidad de otra ciudad.

En aquél, el proyecto de Schinkel del edificio lineal del Packhof[56], frente al canal y detrás del Altes Museum, está en el origen de la propuesta.

Mostrando esa necesidad urbana, el edificio se ofrece como si siempre hubiera estado allí, como una arquitectura incompleta, como sucede siempre cuando nos confrontamos con una arquitectura «como era».

Grassi, aceptando la necesidad de la reconstrucción de Berlín difiere en sus conclusiones, Frente a considerar el criterio ochocentista planteado como adecuado, para el milanés la planificación barroca de Berlín debe ser y es su punto de partida.

También inacabado, el conjunto de Potsdamer Platz, de ladrillo visto con su revestimiento parcial en piedra, parte de esa ciudad más duradera donde los esquemas tipológicos en H dan lugar a la secuencia de bloques que, propiciando patios abiertos, ofrecen un perfil monumental a través de una visión perspectiva de testeros ritmados a lo Hilberseimer.

56 Giorgio Grassi, «Questioni di progettazione», en *Scritti scelti*, Franco Angeli: Milán, 2000.

En el Almudín de Xàtiva, frente a la imposibilidad de cornisas e impostas, en la arquitectura actual se mostrarán en ausencia, en negativo.

El caso del teatro romano de Sagunto se plantea a partir de una restitución de su espacio arquitectónico, de la recuperación del tipo arquitectónico documentado a lo largo de la historia y en un lugar donde se ha producido, donde los avatares han hecho de este monumento un resto irreconocible.

La restitución tipológica, a partir de los datos que suministran los restos físicos y la historia reconstruye el lugar y en consecuencia su rol urbano. La articulación histórica entre la ciudad administrativa en el castillo y la ciudad civil, en la falda de la montaña, vuelve a aflorar mostrando la razón de ser de la propuesta. Su respuesta es consecuencia lógica a los requerimientos y sugerencias del lugar.

Vuelvo al maestro y amigo con quien anduve largos años, vivimos batallas mezquinas e ignorantes, visitamos muchos y hermosos edificios como en aquel alto en el camino de regreso de Pescara, la emotiva visita al Templo Malatestiano, en Rímini, un modelo para Giorgio y emocionada lección para mi formación personal lo que me retorna al proyecto de 1970 del Castello de Abbiategrasso y la profundidad de su reflexión en nuestra relación con el pasado para construir el presente. Citaré a Ignasi de Solá-Morales para tomando sus palabras, escritas en 1982 en la revista Quaderns d'Arquitectura i Urbanisme número 155, que suponían una expresión concisa y clara de lo que yo intuía y buscaba en la intervención en los edificios históricos.

Decía Ignasi: «Grassi encuentra que quien posee la llave metodológica para organizar la intervención es la propia arquitectura del edificio existente.(...)el proyecto se resuelve en un compromiso entre las maneras propias de la tradición moderna basadas en la independencia entre nueva y vieja fábrica, por un lado, y la correspondencia dimensional, tipológica y figurativa entre las mismas viejas y nuevas partes por el otro, en busca de una recíproca correlación que unifique la entidad del conjunto" Y en «uno de los textos teóricos más bellos" termina: "Se trata de una manera dialéctica de expresar la simultaneidad entre semejanza y la diferencia(...) dentro de la tradición restauradora más cultivada».

Y como una ventana es una ventana, una mesa es una mesa, más allá del sentido de la tautología, dejo en manos de Giorgio Grassi que es un arquitecto, finalizar este artículo.

«Podría dar otros ejemplos para mostrar a qué medios o artificios más o menos reconocibles, debo recurrir para permanecer dentro de este denso sistema de vínculos con el que rodeo cada vez el objeto de mi trabajo, y que para mí es el único medio de hacer aparecer la forma. Pero, ¿qué sentido tiene insistir en ello?

Y además, ¿qué sentido puede tener, después de tanto discutir, esta especie de desenmascaramiento final?»[57].

57 Giorgio Grassi, «Architettura lengua muerta 2» (1988), en *Arquitectura lengua muerta y otros escritos*, Ediciones del Serbal: Barcelona, 2003..

ÍNDICE